TONADILLAS

OU

HISTORIETTES EN ACTION,

PAR

M. EUGÈNE SCRIBE,

de l'Académie française.

𝔓rem 𝔖érie.

II

PARIS,
DUMONT, ÉDITEUR,
PALAIS-ROYAL, 88, AU SALON LITTÉRAIRE.
1838.

TONADILLAS.

E. Dépée, imprimeur à Sceaux.

TONADILLAS

OU

HISTORIETTES EN ACTION,

PAR

M. EUGÈNE SCRIBE,

de l'Académie française.

Première Série.

PARIS,
DUMONT, ÉDITEUR,
PALAIS-ROYAL, 88, AU SALON LITTÉRAIRE.
1838.

JUDITH

ou

la Loge d'Opéra,

NOUVELLE CONTEMPORAINE.

I

C'est un beau théâtre que l'Opéra de
Paris, et je ne parle pas ici des mer-
veilles qu'il déploie à nos yeux, de la
grâce aérienne de Taglioni, du charme
magique des Elssler, du talent si puissant de Nourrit, Talma de la tragédie

lyrique; je ne parle pas des accords savans de Meyerbeer, l'honneur de l'Allemagne, ni des chants gracieux et inépuisables d'Auber, le premier de nos compositeurs, s'il n'avait pas le malheur d'être notre compatriote. Je laisse de côté le prestige des décorations, des costumes et de la danse; encore une fois, je ne parle pas ici du théâtre de l'Opéra; je ne parle que de la salle.

C'est là un spectacle bien autrement curieux, gracieux, coquet, brillant. Regardez autour de vous, et si ce soir vous avez le loisir d'observer, si vous êtes de bonne humeur, si vous n'avez pas perdu votre argent à la Bourse, ou entendu un mauvais discours à la chambre, si votre maîtresse ne vous a pas trahi, ou si votre femme ne vous a pas cherché querelle, si vous avez fait un bon dîner avec des gens d'esprit, ou mieux encore avec de vrais amis ; placez-vous à l'orchestre de l'Opéra ? tournez votre lorgnette, non du côté des coulisses, mais du côté des balcons, de l'amphithéâtre et surtout des premières loges... que de tableaux piquans et variés, que de scènes de comédie, et souvent même que de scènes de drame !!!

Et notez bien que je ne veux pas que vous sortiez de l'observatoire où je viens de vous placer ; car que serait-ce, si, quittant votre stalle d'orchestre, et prenant le bras d'un ami, vous vous hasardiez dans le foyer de l'Opéra ; vous n'y pourriez faire un pas sans vous heurter contre une ambition ou un ridicule, sans froisser en passant un député, un homme d'état d'aujourd'hui, un ministre d'hier, une réputation de la semaine, un orgueil de tous les temps; et là autour de cette large cheminée, ce monsieur en gants jaunes qui raconte ses courses du matin et ses paris au bois de Boulogne; ce journaliste orateur qui récite dans sa conversation son feuilleton du lendemain; ce dandy qui vit aux dépens d'une actrice et la paie en éloges; cet autre qui se ruine pour elle et se croit obligé d'énumérer ses perfections, comme pour justifier aux yeux de ses amis le placement de ses fonds; tout ce bruit, ce fracas, ce pêle-mêle d'amours-propres et de prétentions, fourniraient de quoi écrire cent volumes, et je ne veux vous dire ici qu'une historiette.

Un soir, c'était, si je m'en souviens, à la fin de l'année 1831, mademoiselle Taglioni dansait, il y avait foule, les curieux étaient échelonnés sur les marches, et les tabourets supplémentaires, fournis par l'ouvreur de l'orchestre, formaient une espèce de retranchement et de barricades que j'eus grand' peine à franchir au milieu des *paix-là* et des *silence* des amateurs dont je troublais le plaisir ; car lorsque danse mademoiselle Taglioni non-seulement on regarde, mais on fait silence. On écoute ! Il semble que les yeux ne suffisent pas pour admirer ! Je me trouvais donc fort embarrassé de ma personne, debout auprès de quelques amis qui m'avaient donné rendez-vous, mais qui, trop serrés eux-mêmes, ne pouvaient me faire place, lorsqu'un jeune homme se lève et m'offre la sienne, que je refusai, comme vous le pensez bien, ne voulant pas le priver du plaisir d'assister commodément au spectacle. — Vous ne me privez pas, me dit-il, j'allais sortir. — J'acceptai alors en remerciant, et, prêt à s'éloigner, mon obligeant voisin jette un dernier regard sur la salle, s'arrête un instant, et, s'adossant contre la loge du général Claparede, semble chercher quelqu'un des yeux, puis, tombant tout à coup dans une profonde rêverie, il ne songea plus à partir. Il avait bien raison de dire que je ne le priverais pas du spectacle; car tournant le dos à la scène, ne voyant rien, n'écoutant plus rien, il semblait avoir totalement oublié l'endroit où il était. Je l'examinai alors ; il était impossible de voir une figure plus expressive, plus belle et plus distinguée. Vêtu avec une élégante simplicité, tout, dans ses manières et dans ses moindres gestes, était noble, comme il faut et de bon goût. Il avait l'air d'avoir vingt-cinq à vingt-huit ans ; ses grands yeux noirs étaient constamment fixés sur une loge de face des secondes, qu'il regardait avec une expression de tristesse et de désespoir indéfinissable. Malgré moi je retournai la tête dans cette direction, et je vis que cette loge était restée vide. Il attendait quelqu'un qui n'est pas venu, me disais-je ! elle lui a manqué de parole...

ou elle est malade; ou un mari jaloux
l'a empêchée de venir... Et il l'aime!...
Et il l'attend! Pauvre jeune homme!....
Et j'attendis comme lui! et je le plaignis, et j'aurais donné tout au monde
pour voir ouvrir la porte de cette loge
qui restait constamment fermée!

Le spectacle était près de finir, et
pendant deux ou trois scènes où les
premiers sujets ne dansaient plus et où
l'on causait presque à voix haute, on
avait parlé de *Robert-le-Diable*, qui alors
était à l'étude et que l'on devait donner
dans quelques jours; mes amis me ques-
tionnaient sur la musique, sur les ballets, sur l'acte des nonnes, et tous me
demandaient instamment à assister aux
dernières répétitions. C'est une chose

si curieuse et si intéressante pour les gens du monde qu'une répétition à l'Opéra! Je promettais de les y conduire, et nous nous levions tous pour sortir, car le rideau venait de se baisser, et, me trouvant à côté de mon inconnu, toujours immobile à la même place, je lui exprimais mes regrets d'avoir accepté son offre et le désir de pouvoir reconnaître son obligeance. — Rien ne vous est plus facile, me dit-il, je viens d'apprendre, monsieur, que vous êtes M. Meyerbeer. — Je n'ai pas cet honneur — Enfin, vous êtes un des auteurs de *Robert-le-Diable*. — Tout au plus; j'ai écrit les paroles. — Eh bien, monsieur, permettez-moi d'assister à la répétition de demain. — Il y a encore si peu d'ensemble que je n'ose y inviter que mes amis. — Raison de plus pour que j'insiste, monsieur. — Et moi trop heureux, lui dis-je, que vous veuillez me faire une pareille demande. Il me serra la main et le jour fut pris pour le lendemain.

Il fut exact au rendez-vous. En attendant que la répétition commençât, nous nous promenâmes quelques instans sur le théâtre. Il causait d'une manière grave et pourtant aimable et spirituelle ; mais il était aisé de voir qu'il faisait des efforts pour soutenir la conversation et que quelque autre pensée le préoccupait. Nos jolies dames de la danse et du chant arrivaient successivement. Plusieurs fois je le vis tressaillir, et un instant son émotion fut telle qu'il s'appuya contre une coulisse. Je crus deviner alors qu'il avait pour une de nos déesses quelque passion malheureuse. Supposition que son âge et sa figure rendaient peu vraisemblable. En effet, je me trompais. Il ne parla à personne, ne s'approcha de personne, et du reste, personne ne le connaissait.

La répétition commença. Je le cherchai à l'orchestre parmi les amateurs, je ne l'y trouvai pas. Et quoique la salle fût à peine éclairée, je crus l'apercevoir dans la loge de face qu'il contemplait la veille avec une émotion si profonde. Je voulus m'en assurer; et à la fin de la répétition, après l'admirable trio du cinquième acte, je montai aux secondes. Meyerbeer qui avait à me parler, m'accompagnait. Nous arrivons à la loge dont la porte était entr'ouverte, et nous voyons l'inconnu la tête cachée dans les mains. A notre entrée, il se retourne brusquement et se lève; sa figure pâle était couverte de larmes. Meyerbeer tressaillit de joie et, sans lui dire un mot, lui serra la main d'un air affectueux, comme pour le remercier. L'inconnu cherchant à se remettre de son trouble, balbutia quelques mots de remercîment et d'éloges tournés d'une manière si vague et si générale, qu'il fut évident pour nous qu'il n'avait pas écouté la pièce et que depuis deux heures il avait pensé à toute autre chose qu'à la musique. Meyerbeer me dit tout bas avec désespoir : « Le malheureux n'en a pas entendu une note. »

Nous descendîmes tous par l'escalier du théâtre, et, traversant la belle et vaste cour qui conduit à la rue Grange-Batelière, l'inconnu salua M. Sausseret, qui alors était employé à la location.

J'allai à M. Sausseret : Vous connaissez ce beau jeune homme qui s'éloigne?

— M. Arthur, rue du Helder, n° 7. Je n'en sais pas davantage. Il a loué pour cet hiver une seconde loge de face.

— Il y était tout à l'heure.

— Il y va le matin, à ce qu'il paraît; car le soir il ne l'occupe jamais; la loge reste toujours vide.

En effet, toute la semaine la porte ne s'ouvrit pas ; la loge resta déserte et personne n'y apparut.

La première représentation de *Robert* approchait, et ce jour-là un pauvre auteur est accablé de demandes de loges et de billets. Vous croyez qu'il a le loisir de penser à sa pièce, aux coupures et aux changemens qui y seraient nécessaires? Nullement. Il faut qu'il réponde aux lettres et aux réclamations qui lui arrivent de tous côtés, et ce sont les dames surtout qui ce jour là sont le plus exigeantes. Vous deviez me faire retenir deux loges et je n'en ai eu qu'une. — Vous m'aviez promis une avant-scène et j'ai eu une première. — Vous m'aviez promis le numéro 10, à côté de la loge du général, et vous me donnez le numéro 15 à côté de madame D*** que je ne peux pas souffrir et qui vous écrase toujours avec ses diamans. — Un jour de première représentation est un jour où l'on se fâche avec ses meilleurs amis, qui consentent à vous pardonner quelques jours après quand vous avez eu un beau succès, mais qui vous tiennent long-temps rigueur en cas de chute, de sorte qu'on reste brouillé avec eux comme avec le public. — Un malheur n'arrive jamais seul.

Or donc, le matin de la première représentation de *Robert*, il y avait une loge promise par moi à des dames, loge que le directeur m'avait enlevée pour donner à un journaliste. — Je me plaignis. Il me répondit : — C'est pour un journaliste... Vous comprenez, un journaliste... qui vous déteste!!... mais qui, grâce à cette politesse, consentira à dire du bien... de la musique.

L'argument était sans réplique et puis la loge était donnée. Mais où placer mes jolies dames dont le courroux était pour moi bien autrement redoutable que celui du journaliste!... je pensai à mon inconnu et je me rendis chez lui.

Son appartement était fort simple et fort modeste, surtout pour un homme qui louait à l'Opéra une loge à l'année. — Monsieur, lui dis-je, je viens vous demander un grand service.

— Parlez.

— Comptez-vous assister à la première représentation de *Robert*... dans votre loge?

Il parut troublé... et me répondit en hésitant : Je le voudrais... mais cela me sera impossible.

— Avez-vous disposé de cette loge?

— Non, monsieur.

— Voulez-vous me la céder, vous me tirerez d'un grand embarras.

Le sien augmentait à chaque instant; il n'osait me refuser... Enfin, et comme faisant un effort sur lui-même... il me dit : J'y consens ; mais à condition que vous ne mettrez dans cette loge que des hommes.

— Justement, m'écriai-je, je vous la demande pour des dames.

Il garda un instant le silence.

— Parmi ces dames, y en a-t-il une que vous aimiez ?

— Oui, sans doute, répondis-je vivement.

— Alors, prenez ma loge. Aussi bien je quitte aujourd'hui Paris.

Je fis un mouvement d'intérêt et de curiosité; il devina ma pensée, car il serra ma main dans les siennes et me dit: Vous comprenez bien qu'il se rattache à cette loge des souvenirs bien chers et bien cruels... que je ne puis confier à personne... A quoi bon se plaindre... quand on est malheureux sans espoir... et qu'on l'est par sa faute !

Le soir eut lieu la première représentation de *Robert*, et mon ami Meyerbeer eut un immense succès qui retentit dans toute l'Europe. Depuis, bien d'autres événemens littéraires ou politiques, bien d'autres triomphes, bien d'autres chutes, se sont succédés. — Je ne revis plus M. Arthur, — je n'y pensais plus, — je l'avais oublié.

L'autre soir je me trouvais encore à l'orchestre, à droite de l'Opéra. Cette fois on ne donnait pas *Robert*, — On donnait les *Huguenots*. — Cinq ans s'étaient écoulés.

Vous arrivez bien tard, me dit un de mes amis, un professeur en droit, abonné de l'Opéra, qui a autant d'esprit le soir que d'érudition le matin. — Et vous avez grand tort, me dit, en me frappant sur l'épaule, un petit homme vêtu de noir, à la voix aigre et à la tête poudrée. — Je me retournai, c'était M. Baraton, le notaire de ma famille.

— Vous ici, m'écriais-je...! et votre étude?

— Vendue depuis trois mois; je suis riche; je suis veuf; j'ai la soixantaine; j'ai été vingt ans marié et trente ans notaire.... il est temps que je m'amuse...

...... Et monsieur, dit le professeur en droit, est depuis huit jours un abonné de l'orchestre.

— Oui, vraiment, j'aime à rire; — j'aime la comédie, et j'ai loué une stalle à l'Opéra.

— Pourquoi pas aux Français.

— Ce n'est pas si drôle qu'ici...! on y voit et l'on y entend les choses du monde les plus singulières. Ces mes-

sieurs savent tout, connaissent tout...;
il n'y a pas une loge dont ils ne m'aient
raconté l'histoire.

Et il regardait le professeur en droit
qui souriait avec cet air modeste et réservé que l'on croit discret et qui signifie : J'en dirais bien d'autres si je
voulais!

— En vérité! m'écriai-je, et machinalement mes yeux se tournèrent vers
la loge des secondes qui, quelques années auparavant, avait excité si vivement ma curiosité. Quelle fut ma surprise! elle était encore vide ce soir-là,
et, de toute la salle, c'était la seule!

Charmé alors d'avoir aussi une histoire à moi, j'appris en peu de mots à mes auditeurs celle que je viens de vous raconter, beaucoup trop longuement peut-être.

On m'écoutait attentivement. — Mes voisins se perdaient en conjectures. — Le professeur cherchait à rappeler ses anciens souvenirs; — le petit notaire souriait malignement.

— Eh bien, leur dis-je, qui de vous, messieurs, qui savez tout, qui connaissez tout, nous donnera le mot de cet énigme? qui nous racontera l'histoire de cette loge mystérieuse?

Tout le monde se taisait... même le professeur! qui, passant sa main sur son front pour se rappeler l'anecdote, aurait probablement fini par en inventer une, mais le notaire ne lui en laissa pas le temps.

— Qui vous dira cette histoire?.. s'écria-t-il d'un air de triomphe. Moi qui, en connais tous les détails!

— Vous, M. Baraton?

— Moi-même!...

— Parlez! parlez! — Et toutes les têtes s'avancèrent vers le narrateur. — Parlez, M. Baraton.

— Eh bien! dit le notaire, d'un air important et prenant une prise de tabac, qui de vous a connu?... En ce moment le premier coup d'archet se fit entendre.

Et M. Baraton, qui tenait à ne pas perdre une note de l'introduction, s'arrêta tout court et dit : Au prochain entr'acte.

II

— Messieurs, dit le notaire, au moment où finissait le premier acte des *Huguenots*, nous avons à habiller la reine Marguerite et toutes ses dames d'honneur; nous avons à mettre en place le château et les jardins de Chenonceaux, et l'entr'acte sera, je crois, assez long pour vous raconter l'histoire que vous désirez connaître. Et après avoir savouré lentement une prise de tabac qui lui donnait le temps de rassembler ses idées, M. Baraton commença en ces termes :

— Qui de vous, messieurs, a connu ici la petite Judith ?

Tout le monde se regarda, et les plus vieux abonnés de l'orchestre ne purent répondre.

— La petite Judith, un enfant, qui, il y a sept ou huit ans, avait été admise comme figurante de la danse ?

— Attendez, dit le professeur en droit, d'un air un peu pédant... une petite blonde qui faisait dans la *Muette* un des pages du vice-roi.

— Elle était brune, dit le notaire; quant à l'emploi que vous lui attribuez, je n'ai là-dessus aucun document positif, et j'aime mieux m'en rapporter à votre immense érudition.

Le professeur en droit s'inclina.

— Ce qui du moins ne saurait être contesté, c'est que la petite Judith était charmante.

— Un autre point qui paraît authentique, c'est que madame Bonnivet, sa tante, était portière, rue de Richelieu, dans la maison d'un vieux garçon dont elle avait été autrefois la femme de confiance, d'autres disaient la cuisinière, mais madame Bonnivet n'en convenait pas. Du reste elle tirait le cordon et faisait des ménages, — tandis que sa nièce faisait des conquêtes, car il était impossible de passer devant la loge de la portière sans admirer la petite Judith, qui alors avait à peine douze ans.—C'étaient déjà les plus beaux yeux du monde, des dents comme des perles, une taille délicieuse et avec sa robe d'indienne ou de stoff, l'air le plus distingué que l'on pût imaginer; de plus, une physionomie naïve, candide, et dans son innocence même, expressive et coquette; enfin de ces figures à tourner toutes les têtes et à changer, comme on dit, la face des empires.

On faisait chaque jour tant de complimens à madame Bonnivet, sur sa jolie nièce, qu'elle se décida à faire des sacrifices pour son éducation : elle l'envoya à une école gratuite de jeunes filles où on lui apprit à lire et à écrire, éducation brillante dont les avantages se firent bientôt sentir à madame Bonnivet elle-même, qui, dans ses fonctions de portière, déchiffrait péniblement les adresses des lettres et se trompait toujours d'opinions et d'étages dans les journaux à remettre aux locataires.

Judith se chargea de ce soin à la satisfaction générale, et, persuadée qu'avec une figure et une éducation aussi distinguées, sa nièce devait arriver sans peine à la fortune, madame Bonnivet n'attendait qu'une occasion; elle ne tarda pas à se présenter. — M. Rosambeau, maître de ballets, qui demeurait au cinquième, proposa de donner quelques leçons à la petite Judith, et quelques jours après, madame Bonnivet apprenait à toutes les portières de sa connaissance, que sa nièce venait d'être reçue dans les chœurs de l'Opéra; nouvelle qui se répandit rapidement de porte en porte dans toute l'étendue de la rue de Richelieu.

Voici donc Judith installée à l'Opéra, au foyer de la danse, prenant des leçons le matin, et paraissant le soir inaperçue dans les groupes de jeunes filles, de naïades ou de pages, comme le disait tout à l'heure M. le professeur.

C'était l'innocence même que Judith, quoiqu'alors elle eût quatorze ans passés; mais elle avait été élevée dans une maison honnête, dont tous les locataires étaient mariés; sa tante, qui était d'un rigorisme outré, ne la quittait presque jamais, la conduisait à l'Opéra le matin, l'en ramenait le soir, et restait même au foyer de la danse à tricoter des chaussettes, pendant que sa nièce étudiait et faisait des battemens.

Vous me demanderez ce que devenait, pendant ce temps la loge de la rue de Richelieu. — C'est ce que je ne saurais vous dire. On a prétendu qu'une amie de madame Bonnivet s'était chargée de l'intérim, en attendant que la petite Judith fît fortune et eût *un sort*.

Car vous savez comme moi, messieurs, que l'on n'entre à l'Opéra que pour avoir un sort, une position. — Après cela on se retire, on est riche, on redevient honnête, et l'on marie sa fille à un agent de change.

— Ou à un notaire..., dit le professeur.

— C'est vrai, dit M. Baraton, en faisant la grimace, cela s'est vu; — mais vous vous doutez bien que ni madame Bonnivet, ni sa nièce, n'avaient alors des idées de grandeurs pareilles. — Il faut en tout de la progression. — Et Judith ! m'écriai-je...., car je voyais s'avancer l'entr'acte.

— Judith ! m'y voici ! — Madame Bonnivet, malgré sa surveillance préventive, ne pouvait empêcher sa nièce de causer avec ses jeunes compagnes. — Le matin, au foyer de la danse, et surtout le soir, quand elles étaient en scène..., limite terrible que la tante ne pouvait franchir et où s'arrêtait son inspection vigilante. — Judith entendait alors de singulières choses. — Une des nymphes ou des sylphides ses compagnes lui disait à demi-voix :

— Vois-tu, ma chère, à l'orchestre, à droite, comme il me regarde !

— Qui donc?

— Ce beau jeune homme qui a un gilet de cachemire.

— Qu'est-ce donc?

— Une inclination à moi.

— Une inclination, dit Judith?

— Eh! oui vraiment; — quel air étonné! — Est-ce que tu n'as pas de passion, toi qui parles?

— O mon Dieu non!

— Dites-donc, mesdemoiselles, est-elle amusante... — Judith qui n'a pas d'amoureux!

— Je le crois bien, sa tante ne veut pas.

— En vérité! Ah bien, si j'avais une tante comme celle-là...

— Ah! ma chère, n'en dites pas de mal; c'est une femme qui a des vues sérieuses et utiles, comme il nous en aurait fallu, et qui, pour préserver sa nièce du danger des passions, lui cherche un protecteur.

— Elle! un protecteur!... elle est trop niaise pour cela; elle n'en trouvera jamais.

Tout cela se disait pendant les chœurs de la *Vestale*. Judith n'en avait pas perdu un mot ; elle n'osait en demander à personne l'explication. Mais sans trop s'en rendre compte, elle se sentait humiliée de l'idée que l'on avait d'elle ; elle aurait voulu se venger, abaisser ses bonnes amies, les humilier à son tour. Aussi, lorsque le soir, en rentrant, madame Bonnivet prit un air grave et solennel pour annoncer à sa nièce qu'il se présentait un protecteur pour elle, un protecteur distingué, son premier mouvement fut un mouvement de joie ;... et sa tante, qui était loin de s'y attendre, parut enchantée, et continua d'un air rayonnant :

— Oui, ma chère nièce, une personne recommandable sous tous les rapports, une personne qui assure ton bonheur et un sort à ta tante ; ce qui est bien juste après les peines que lui ont coûtées ton éducation et les soins qu'elle t'a prodigués. Ici la tante essuya quelques larmes; et Judith, émue de son attendrissement, se hasarda seulement alors à lui demander quel était ce protecteur, et en quoi elle avait mérité cette haute protection?

— Tu le sauras, ma chère enfant; tu le sauras... Mais en attendant, toutes tes compagnes vont en mourir de dépit.

C'était la seule chose que désirait Judith; et le soir, grande en effet fut la rumeur, quand cette nouvelle circula dans le foyer de la danse. — Est-il possible? — Je te l'assure. — Ca n'est pas croyable... — Une mijaurée pareille! est-elle heureuse!... — Une figurante, une choriste! — Tandis que moi... un premier sujet!! — C'est révoltant. C'est admirable, disaient les autres! elle est si gentille... — Et si honnête!!.. elle le mérite bien!! Enfin, jamais alliance princière, alliance royale, ne donna lieu à plus de propos et de conjectures, et cependant le doute n'était déjà plus permis, car, le soir même, la tante avait paru dans les coulisses avec un châle-Ternaux magnifique.

Mais quel était ce protecteur inconnu? Ce ne pouvait être que quelque financier bien âgé, quelque grand seigneur bien respectable; c'était à qui interrogerait Judith et la ferait causer. Mais tout était inutile : Judith était d'une discrétion inpénétrable, et la grande raison, c'est que Judith ne savait rien.

Depuis trois ou quatre jours, elle avait quitté la loge de la portière pour habiter avec sa tante un appartement charmant, rue de Provence. Une chambre à coucher du goût le plus moderne, et un boudoir délicieux, si élégant, si bien drapé, et garni de si beaux tapis, que la tante n'osait y entrer et demeurait par goût dans la salle à manger ou dans la cuisine...; elle y était plus à son aise. — Mais depuis quatre jours, Judith n'avait vu paraître personne, ce qui lui semblait singulier ; — car Judith était sans éducation, mais non pas sans esprit. Sa candeur et sa naïveté étaient de l'ignorance, et non pas de la niaiserie ; et se rappelant ce qu'elle avait pu comprendre, devinant une partie de ce qu'elle ne comprenait pas..., elle commençait à s'inquiéter, à s'effrayer; elle aurait voulu pour tout au monde avoir une amie à qui demander conseil.. Mais seule, quelle protection implorer contre ce protecteur qu'elle ne connaissait pas et qu'elle redoutait déjà! — Il est vrai qu'à toutes les idées qu'elle se formait d'avance se joignaient toujours celles de la laideur et de la vieillesse, — tant ses compagnes lui avaient répété que ce ne pouvait être qu'un vieillard goutteux, cacochyme et mal fait — Aussi elle trembla de tous les membres lorsque, le cinquième jour, sa tante, accourant toute essoufflée, ouvrit la porte du boudoir en lui disant : Le voici!

Judith voulut se lever par respect...;

mais ses jambes fléchirent, et prête à se trouver mal.., elle retomba sur le canapé.

Lorsqu'enfin elle osa lever les yeux, elle vit debout, devant elle, un beau jeune homme de vingt quatre ans à peu près, d'une figure noble et distinguée, qui la regardait avec des yeux si doux et si bienveillans... qu'à l'instant même elle se crut sauvée. — Il lui semblait que celui qui la regardait ainsi, devait la défendre, et qu'avec lui elle n'avait plus rien à craindre !

— Mademoiselle, lui dit l'inconnu d'une voix grave, mais respectueuse... puis s'apercevant que la tante était toujours là, il lui fit signe de sortir...; elle obéit à l'instant même, ayant justement des ordres à donner pour le dîner.

— Mademoiselle, vous êtes ici chez vous; je désire que vous y soyez bien, que vous y soyez heureuse. — Pardonnez-moi si j'ai bien rarement l'honneur de vous présenter mes hommages...; de nombreuses occupations me priveront de ce plaisir. — Aussi je ne réclame qu'un titre..., celui de votre ami! Qu'un droit..., celui de satisfaire vos moindres vœux!

Judith ne répondit pas, mais son cœur, qui battait avec violence, soulevait fréquemment la percale légère de sa pélerine.

— Quant à votre tante..., et il prononça ce mot avec un air de mépris..., c'est elle qui désormais sera à vos ordres; car j'entends qu'ici vous soyez la maîtresse et que tout le monde vous obéisse..., à commencer par moi.

Puis il s'approcha d'elle, lui prit la main, qu'il porta à ses lèvres, et voyant que cette main était encore tremblante :

— Est-ce mon aspect qui vous cause cette frayeur? Rassurez-vous, je ne reviendrai plus maintenant que quand vous aurez besoin de moi... quand vous m'appellerez!... Adieu, Judith... adieu mon enfant.

Et il partit, laissant la pauvre fille dans un trouble, dans une émotion qu'elle ne connaissait pas encore et qu'elle ne pouvait s'expliquer. Toute la journée elle eut devant elle la figure du bel inconnu, ses grands yeux noirs si expressifs. Elle ne l'avait pas regardé, et pourtant rien de sa pose, de ses manières, de son habillement même, ne lui avait échappé; elle croyait encore entendre cette voix si douce, dont tous les mots étaient gravés dans son souvenir. La pauvre Judith, qui d'ordinaire dormait si bien, passa cette nuit sans sommeil. C'était la première! Le lendemain elle avait le teint pâle, les yeux fatigués — Et la tante souriait.

On ne pouvait parler du bel inconnu,

sans que le joli visage de Judith se couvrît d'une rougeur soudaine.

Et la tante souriait encore!

Mais il ne parut plus! — Il ne venait pas, et Judith ne pouvait lui dire de venir... En effet qu'avait-elle à lui demander?... l'appartement le plus élégant, la table la mieux servie, des domestiques et une voiture à ses ordres... Rien ne lui manquait... que lui!!...

D'un autre côté, ses camarades du théâtre la voyant si belle, si brillante, couverte de si riches parures, ne cessaient de la questionner!... Et leurs questions en apprenaient maintenant à Judith plus qu'elle n'en voulait savoir;

aussi, sans pouvoir s'en expliquer à elle-même le motif, elle gardait le plus profond silence avec sa tante et ses compagnes sur ce qui s'était passé entre *elle* et *lui*. Il lui semblait, d'après ce qu'elle entendait chaque jour autour d'elle, qu'il y avait dans la conduite de l'inconnu quelque chose qui n'était pas régulier... quelque chose d'humiliant pour elle, et que pour son honneur elle ne devait pas dire. Aussi, serait-elle morte plutôt que d'en parler ou de se plaindre, lorsque le huitième jour... un jour de grande représentation, elle aperçut à l'avant-scène, et dans la loge du roi, son inconnu qui la regardait. Elle poussa un cri de joie et de surprise qui fit manquer la mesure à un danseur qui en ce moment commençait une pirouette. — Qu'est-ce donc?... lui dit Nathalie, une de ses compagnes, qui tenait de moitié avec elle une guirlande de fleurs.

— C'est lui... le voilà!....

— Est-il possible! le comte Arthur de V***, un des jeunes seigneurs de la cour de Charles X, et de plus un joli garçon!... Tu n'es pas à plaindre... Eh bien! qu'as-tu donc?.. ne vas-tu pas te trouver mal pour un homme que tu vois tous les jours?

Judith n'entendait plus rien ; elle était trop heureuse! Arthur venait de s'incliner vers elle et de la saluer au grand scandale de la loge dorée où il se trouvait. Ce fut bien autre chose encore lorsqu'après le ballet, au moment où elle allait remonter à sa loge, Arthur se trouva dans la coulisse, et lui dit tout haut devant le gentilhomme de la chambre qui présidait alors aux destinées de l'Opéra : « Voulez-vous, mademoiselle, me permettre de vous reconduire ?

C'est bien de l'honneur pour moi, balbutia Judith toute tremblante ; sans s'apercevoir que sa réponse excitait le rire de ses compagnes.

Alors, hâtez-vous... je vous attends ici sur le théâtre.

Je vous réponds que Judith ne fut

pas long-temps à se déshabiller ; dans son empressement, elle déchira sa robe de gaze et son pantalon de soie, et madame Bonnivet, qui alors lui servait de femme de chambre (fonctions privilégiées de toutes les mères et tantes de théâtre), madame Bonnivet avait peine à la suivre dans l'escalier, portant le cachemire que sa nièce oubliait. Arthur était resté sur le théâtre causant avec un groupe de jeunes gens et avec Lubert, le directeur, à qui il recommandait mademoiselle Judith. Au moment où elle parut, il alla à elle aux yeux de tous, et tous deux descendirent par l'escalier particulier des acteurs. Un coupé élégant les attendait à la porte, et je ne puis vous exprimer le trouble et le ravissement de la pauvre

Judith en se trouvant assise à côté de
lui dans cet étroit espace qui rendait le
tête-à-tête plus intime encore et plus
doux. Il avait peur qu'elle ne s'enrhu-
mât et il leva les glaces; il prit le cachemire qu'elle tenait à la main, le dé-
ploya, en couvrit ses blanches épaules,
sa jolie taille et un cœur qui battait en
ce moment d'une émotion inconnue.
Ah! que Judith était jolie!.. qu'elle était
séduisante, embellie ainsi par le bonheur! mais ce bonheur ne fut pas de
longue durée : il y a si peu de distance de
la rue Grange-Batelière à la rue de Provence, et puis ces beaux chevaux gris
allaient si vite!... La voiture s'arrête:
Arthur descend, offre la main à sa compagne, monte avec elle l'escalier, et
arrivé au premier, à la porte de son

appartement, — il sonne, la salue avec respect et disparaît.

Judith passa encore une mauvaise nuit. La conduite du comte lui semblait si singulière! car enfin il pouvait bien entrer dans son salon, s'asseoir, lui faire une visite; elle était, il est vrai, peu au fait des convenances; mais cela lui paraissait plus honnête que de prendre congé d'elle aussi brusquement.

Elle ne ferma pas l'œil; elle se leva, se promena dans sa chambre, et au point du jour, voulant se rafraîchir un instant par l'air pur du matin, elle ouvrit sa fenêtre.... Quelle fut sa surprise? La voiture du comte était restée à la porte... Elle avait passé toute la nuit dans la rue... Les chevaux piaffaient sur le pavé de froid et d'impatience, le cocher dormait sur son siège...

— Pardon, messieurs, dit le notaire en s'interrompant; l'acte commence, et je ne veux rien perdre de l'Opéra; j'ai loué une stalle pour cela... A l'autre entr'acte.

III

Le surlendemain, Judith ouvrit sa fenêtre de bon matin. — La voiture du comte était encore à la porte.

Il était évident qu'il l'envoyait ainsi

presque toutes les nuits. Dans quelle intention? C'est ce qu'elle ne pouvait deviner.. quant à lui en demander l'explication, elle n'aurait jamais osé. — D'ailleurs elle ne l'apercevait presque jamais, si ce n'était le soir, les jours d'Opéra, à une seconde loge de face, qu'il avait louée à l'année. — Il ne venait plus sur le théâtre, il ne lui proposait plus de la reconduire. Comment le voir?.. Comment faire?..

Heureusement pour elle, on lui fit une injustice..., un passe-droit... — Ses compagnes la crurent désolée; elle était ravie. — Elle écrivit au comte pour lui dire qu'elle avait une demande à lui faire, et qu'elle le priait de passer chez elle. — Cette lettre n'était pas facile à écrire; aussi Judith y employa une journée entière; elle la recommença bien des fois, et en fit au moins vingt brouillons. Elle en avait dans ses poches, dans son sac, et probablement elle en laissa tomber un que l'on ramassa, car le soir, sur le théâtre, elle entendit de jeunes auteurs et des abonnés de l'orchestre s'égayer entre eux sur une lettre sans orthographe qu'ils venaient de trouver, et qu'ils se passaient de main en main. — Il fallait entendre leurs joyeuses exclamations, leurs commentaires satiriques, leurs plaisanteries sans pitié sur ce billet sans signature dont ils ne connaissaient pas l'auteur, mais qu'ils voulaient insérer le lendemain dans un journal, comme modèle du genre épistolaire à l'usage des Sévigné de la danse.

Quels furent l'effroi et le supplice de Judith, non pas en s'entendant ainsi tourner en ridicule, mais en pensant que toutes ces réflexions railleuses, le comte les ferait à la lecture de sa lettre, que maintenant elle aurait voulu ravoir au prix de tout son sang! Aussi elle était plus morte que vive lorsqu'Arthur entra le lendemain dans son boudoir.

— Me voici, ma chère Judith; j'accours au reçu de votre lettre. Et cette fatale, cette horrible lettre, il la tenait encore à la main. — Que me voulez-vous ?

— Ce que je veux... monsieur le comte... je ne sais comment vous le dire... mais ce billet... même... puisque vous l'avez lu... si toutefois vous avez pu le lire...

— Très bien..., mon enfant, répondit le comte avec un léger sourire.

— Ah! s'écria Judith avec désespoir, ce billet même vous prouve que je suis une pauvre fille sans esprit, sans éducation, qui a honte de son ignorance et qui voudrait en sortir...; mais comment faire... si vous ne venez à mon secours..., si vous ne m'aidez de vos conseils et de votre appui!...

— Que voulez-vous dire?...

— Donnez-moi des maîtres, et vous

verrez si le zèle me manquera, vous verrez si je profite de leurs leçons... Je travaillerai plutôt le jour et la nuit.

— La nuit?

— Autant l'employer à étudier qu'à ne pas dormir.

— Eh pourquoi, mon Dieu, ne dormez-vous pas?

— Pourquoi, dit Judith en rougissant: parce qu'il y a une idée qui me tourmente sans cesse.

— Et quelle idée?...

— Celle que vous devez avoir de moi... Vous devez me mépriser, me regarder comme indigne de vous..., et vous avez raison, poursuivit-elle vivement, je me vois telle que je suis..., je me connais..., et je voudrais, s'il est possible, ne plus rougir à vos yeux et aux miens. — Le comte la regarda avec étonnement et lui dit: Je vous obéirai, ma chère enfant; je ferai ce que vous me demandez.

Le lendemain Judith avait un maître d'orthographe, d'histoire et de géographie. Il fallait voir avec quelle ardeur elle étudiait, et son jugement, son esprit naturel, qui n'avaient besoin que de culture, se développèrent avec une incroyable rapidité.

C'était pour Arthur qu'elle avait aimé l'étude, et maintenant elle aimait l'étude pour elle-même. C'était son plus doux passe-temps, sa consolation et l'oubli de tous ses chagrins. Elle n'allait plus à la salle de danse, ni aux répétitions ; elle se faisait mettre à l'amende pour rester chez elle à travailler, et ses compagnes disaient: Judith est dans les amours et les grandes passions ; on ne la voit plus, elle perd son état... elle a grand tort.

Et Judith redoublait d'efforts en disant : Bientôt je serai digne de lui, bientôt il verra que je suis en état de le comprendre, il pourra juger de mes progrès. Vain espoir; lorsque le comte était là, Judith, interdite et tremblante, n'avait plus de mémoire ; elle avait tout oublié.

Quand il l'interrogeait sur ses études, elle répondait tout de travers, et le comte se disait : La pauvre enfant a bonne volonté, mais peu de facilité. Ce qu'elle avait gagné à sa nouvelle science, c'était de sentir combien elle devait lui paraître sotte et ridicule. Cette pensée la rendait encore plus timide et plus gauche, et comprimait les épanchemens de cette âme si naïve et si tendre. Aussi le comte venait rarement. De temps en temps, il passait le soir une demi-heure avec elle ; mais lorsque sonnait minuit, il se levait !... Alors, et sans lui adresser un reproche, Judith lui demandait seulement d'une voix douce et inquiète : Quand vous reverrai-je ?

— Je vous le dirai demain de loin à l'Opéra.

Et voici comment :

Il était presque tous les deux jours dans sa loge, aux secondes de face, et quand il lui était possible de passer le lendemain quelques instans avec Judith, il portait négligemment sa main droite à son oreille; cela voulait dire: j'irai rue de Provence.

Et alors Judith l'attendait toute la journée; elle ne recevait personne; elle éloignait même sa tante pour être tout entière au plaisir de le voir.

Malgré la réserve du comte, elle avait fait une découverte: c'est qu'il avait quelque chagrin profond qui le dévorait. —Quel était ce chagrin? elle ne le lui demandait pas? Et pourtant elle aurait été si heureuse de pouvoir s'affliger avec lui... Ce bonheur, elle n'osait l'espérer, mais elle partageait ses peines sans les connaître ; elle était triste de sa tristesse. Aussi le comte lui disait souvent : Judith, qu'avez-vous donc? quels sont vos chagrins?... Si elle avait osé, elle aurait répondu : Les vôtres !

Un jour il lui vint une idée horrible ; elle se dit avec effroi : Il en aime une autre ! oui, oui, c'est sûr, il en aime une autre ! Mais alors, pourquoi prendre une maîtresse à l'Opéra?... Comme caprice... comme objet de mode... comme un jouet qu'il a acheté sans le voir... et sans le connaître... Mais alors, pourquoi?...

Elle leva les yeux sur sa glace, et Judith était si jeune, si fraîche, si jolie... Elle resta plongée dans ses réflexions.

La porte de son boudoir s'ouvrit brusquement. Arthur parut; il avait un air de trouble qu'elle ne lui avait jamais vu.

Mademoiselle, lui dit-il vivement, habillez-vous; je viens vous prendre pour aller aux Tuileries.

— Est-il possible?

— Oui, le temps est superbe; un soleil magnifique. Tout Paris y sera!

— Et vous voulez bien m'y conduire ! s'écria Judith enchantée : car jamais le comte n'était sorti avec elle, jamais il ne lui avait donné le bras en public.

— Certainement... je vous y conduirai et aux yeux de tous, et dans la grande allée ! s'écria le comte en se promenant avec agitation... Allons, madame Bonnivet, dit-il brusquement à la tante qui entrait en ce moment dans le boudoir, habillez votre nièce; donnez-lui ce qu'elle a de plus élégant, de plus nouveau, de plus riche.

— Grâce au ciel et grâce à monsieur le comte, ce ne sont pas les jolies parures qui nous manquent...

— C'est bon, c'est bon... dépêchez-vous... nous sommes pressés.

— Allons, allons, M. le comte est pressé, dit madame Bonnivet en s'apprêtant à dénouer la robe de sa nièce.

Judith rougit et lui fit signe qu'Arthur était là.

— Qu'importe? est-ce que nous nous gênons avec M. le comte? Et avant que Judith eût pu s'y opposer, le corsage était déjà défait.

La pauvre fille troublée et hors d'elle-même, ne savait comment se soustraire aux regards d'Arthur!

Mais hélas ! sa pudeur prenait un soin bien inutile, Arthur ne regardait pas ; tout entier à une idée qui semblait exciter son dépit et sa colère, il se promenait à grands pas dans le petit boudoir, et venait de heurter un vase en rocaille qui volait en éclats.

— Ah! quel malheur! s'ecria Judith, oubliant en ce moment le désordre de sa toilette.

— Porcelaine du Japon, dit la tante avec désespoir, il coûtait au moins cinq cent francs !

— Non, mais il venait de lui !!!

— Et bien! êtes-vous prête, dit Arthur, qui n'avait pas seulement entendu cette réflexion.

— Dans l'instant. Ma tante, mon châle... mes gants...

— Et votre mantelet, dit Arthur; vous l'oubliez, et il fera froid.

— Je ne crois pas.

— En effet, dit la tante en touchant la main de sa nièce, elle est brûlante; est-ce que tu aurais la fièvre? Il ne faudrait pas sortir.

— Non, ma tante, s'écria vivement Judith; je ne me suis jamais mieux portée.

Le coupé était en bas; ils y montèrent et traversèrent les boulevards ensemble, en plein midi!! ensemble!!! Judith ne se sentait pas de joie; elle aurait voulu que tout le monde la vît... Et, pour comble d'ivresse, elle aperçut, rue de la Paix, deux de ses camarades qu'elle salua avec toute la gracieuseté que donne le bonheur!... deux premiers sujets qui, ce jour-là, étaient à pied.

La voiture s'arrêta à la grille de la rue de Rivoli. Judith prit le bras du comte et tous deux s'avancèrent dans l'allée du printemps. C'était un jour de la semaine; toute la population parisienne, riche et oisive, s'y était donné rendez-vous; la foule était immense.

En un instant Arthur et sa compagne furent l'objet de l'attention générale. Ils étaient si beaux tous les deux qu'il était impossible de ne pas les remarquer. Chacun se retournait en disant : Quel est donc ce joli couple?

— C'est le jeune comte Arthur de V***.

— Est-ce qu'il est marié?

Judith tressaillit à ce mot, éprouvant un sentiment de plaisir et de peine dont elle ne put se rendre compte.

— Non vraiment, dit d'un air dédaigneux une grande et vieille dame, qui portait sur son bras un petit chien de Vienne, et qui était suivie par deux domestiques en riches livrées, non vraiment le comte Arthur n'est pas marié, monseigneur son oncle ne le souffrirait pas.

— Quelle est donc cette jolie personne... sa sœur peut-être?

— Vous lui faites injure..., c'est sa maîtresse..., une demoiselle de l'Opéra..., à ce que je crois.

Par bonheur, Judith n'entendait pas le discours de la douairière, car, dans ce moment le baron de Blangy, qui était derrière elle, disait à son frère le chevalier : C'est la petite Judith !

— Celle dont Arthur est épris ?

— Il en perd la tête... il se ruine pour elle.

— Il a raison, je voudrais bien être à sa place, regarde donc comme elle est jolie !

— Quel air distingué ! quelle physionomie enchanteresse !

— Et cette taille élégante et gracieuse.

— Prends garde, tu vas en devenir amoureux.

— C'est déjà fait. — Viens donc, viens la voir de plus près.

— Si nous pouvons, car il y a foule autour d'elle !

Et la foule répétait tous ces propos, et Arthur, à son tour, les entendait... Les jeunes femmes, en voyant l'air modeste de Judith, lui pardonnaient d'être si jolie, tandis que les jeunes gens, contemplant Arthur d'un œil d'envie se disaient : Est-il heureux !!!

Pour la première fois, alors, il regarda Judith comme elle méritait d'être regardée, — et s'étonna de la trouver si belle. — La promenade, le grand air, et surtout le bonheur de s'entendre admirer, avaient animé ses joues d'un nouvel éclat et donné à ses yeux une expression et un charme indéfinissables, et puis, elle avait seize ans, elle aimait, il lui semblait qu'elle était aimée!... que de raisons pour être belle! Aussi le succès de Judith fut complet, il fut immense! La foule la reconduisit jusqu'à sa voiture. Mais alors, quand elle vit Arthur attacher sur elle un regard de tendresse, — tous ses triomphes s'effacèrent devant celui-là; les éloges de la foule furent oubliés, et elle rentra chez elle, en disant : Que je suis heureuse!

Le lendemain, à son lever, Judith reçut deux lettres. — La première était du baron de Blangy, qui, bien plus riche qu'Arthur, offrait son amour et sa fortune.—Judith n'eut pas même l'idée de montrer cette lettre à sa tante ou à

Arthur. — Elle ne pensait pas en la brûlant faire le moindre sacrifice.

La seconde lettre portait une autre signature que Judith relut deux fois, ne pouvant en croire ses yeux. — Mais il n'y avait pas moyen d'en douter, elle était signée : l'évêque de ***, et était conçue en ces termes.

« Mademoiselle,

« Vous avez paru publiquement hier
« aux Tuileries avec mon neveu, le
« comte Arthur, et comblé ainsi la me-
« sure d'un scandale dont les consé-
« quences sont incalculables.

« Quoique, par l'impiété des hommes,
« Dieu ait permis que tout fût boule-

« versé, nous avons encore les moyens
« de punir votre audace. Je vous dé-
« clare donc, mademoiselle, que, si
« vous ne mettez fin à un pareil scan-
« dale, j'ai assez de crédit auprès du
« ministre de la maison du roi pour
« vous faire renvoyer de l'Opéra. — Si,
« au contraire, vous abandonnez à l'ins-
« tant et à jamais mon neveu, nous
« vous faisons offrir, car la fin sanctifie
« les moyens, deux mille louis et
« l'absolution de vos fautes, etc.,
« etc. »

Judith fut d'abord anéantie en lisant cette lettre, puis elle reprit courage, consulta son cœur, rassembla toutes ses forces et répondit :

« Monseigneur,

« Vous me traitez bien cruellement,
« et pourtant je pourrais attester de-
« vant vous et devant Dieu que je n'ai
« rien à me reprocher. — Cela est! je
« vous le jure... mais je ne m'en vante-
« rai pas, j'y ai trop peu de mérite; il
« est tout entier à celui qui m'a épar-
« gnée et respectée.

« Oui, monseigneur, votre neveu est
« innocent de tous les torts dont vous
« l'accusez, et si l'on offense le ciel en
« aimant de toute son âme, c'est un
« crime dont je suis coupable, mais
« dont il n'est pas complice.

« Voici donc la résolution que j'ai
« prise.

« Je lui dirai ce que pour moi je
« n'aurais jamais osé dire, mais ce
« sera pour vous, monseigneur... et
« le ciel m'en donnera la force... je
« lui dirai : Arthur, suis-je aimée de
« vous? Et si comme je le crois, comme
« je le crains, il me répond : Non, Ju-
« dith, je ne vous aime pas; je vous
« obéirai, monseigneur, je m'éloigne-
« rai de lui, je ne le verrai plus ja-
« mais, et alors, je l'espère, vous m'es-
« timerez assez pour ne rien m'offrir,
« et pour ne pas ajouter l'humiliation
« au désespoir. — Ce dernier... suffira
« pour mourir.

« Mais si le ciel, si mon bon ange,

« si le bonheur de toute ma vie vou-
« laient qu'il me répondît : Je vous
« aime !

« Ah ! c'est bien mal ce que je vais
« vous dire, et vous allez m'accabler,
« à juste titre, de vos reproches, de
« vos malédictions ; mais voyez-vous,
« monseigneur, il n'y a pas de pouvoir
« au monde qui puisse m'empêcher
« d'être à lui, de lui tout sacrifier....
« Je braverai tout, même votre colère...
« car, après tout, que pourrait-elle ?
« me faire mourir, et que m'impor-
« terait de mourir, — si j'avais été
« aimée !

« Pardon, monseigneur, si cette let-
« tre a pu vous blesser... elle est d'une

« pauvre fille sans connaissance du
« monde et de ses devoirs, mais qui
« trouvera peut-être quelque grâce à
« vos yeux, dans l'ignorance de son
« esprit, dans la franchise de son
« cœur, et surtout dans le profond
« respect,

« Avec lequel elle a l'honneur d'être,
« monseigneur, etc. »

Cette lettre écrite, Judith la cacheta, l'envoya sans parler à personne, et dès ce moment, décidée à connaître son sort, elle attendit avec impatience la prochaine visite du comte.

C'était le soir jour d'Opéra. Elle était sur le théâtre, regardant s'il paraîtrait dans sa loge des secondes et s'il lui ferait le signe convenu.

Ce soir-là Arthur ne vint que bien tard, mais il semblait sombre et préoccupé. Il ne regardait pas du côté du théâtre et ne fit aucun signe à Judith, qui se désespéra. Il fallait encore attendre au surlendemain.

Le surlendemain c'était un mercredi, elle fut plus heureuse. Il lui adressa de loin le signe qui lui indiquait le rendez-vous, et Judith se dit : Demain matin il viendra, demain je saurai mon sort.

Mais le matin, arriva le chasseur de M. le comte annonçant que son maître n'avait pas un instant à lui dans la journée, et qu'il viendrait le soir assez tard souper avec mademoiselle Judith.

Souper avec elle en tête à tête, cela ne lui était jamais arrivé à lui qui la quittait toujours avant minuit. — Qu'est-ce que cela voulait dire? La tante trouvait que c'était très clair; Judith ne voulait pas la comprendre.

A onze heures du soir, le souper le plus fin et le plus délicat avait été préparé par les soins de madame Bonnivet. Quant à Judith, elle ne voyait rien, n'écoutait rien; elle attendait.

Elle attendait! toutes les facultés de

son âme se renfermaient, se résumaient dans cette idée !...

Mais onze heures et demie, minuit avaient sonné, et Arthur ne venait pas !

Toute la nuit s'écoula ! il ne vint pas ! et elle attendait encore.

Et le lendemain et les jours suivans Arthur ne parut pas... Elle ne reçut aucune nouvelle, elle ne le revit plus !

Qu'est-ce que cela signifiait ? qu'est-ce qu'il était devenu ? »

— Messieurs, dit le petit notaire, en s'interrompant, voici le rideau qui se lève : la suite à l'autre entr'acte.

IV

— Messieurs, dit le petit notaire, au moment où finissait le troisième acte des *Huguenots*, je devine que vous tenez à savoir ce qui était arrivé à notre ami Arthur, et surtout à connaître au juste ce qu'il était?

— Si vous aviez commencé par là? lui dis-je.

— Je suis maître de placer mon exposition où je veux; c'est moi qui conte; — d'ailleurs ce n'est pas ici, à l'Opéra, qu'il faut se montrer sévère sur les expositions, dit le professeur en droit on ne les entend jamais.

— Ce qui est souvent un grand bonheur pour les auteurs de libretti, ajouta le notaire en me regardant; et satisfait de son épigramme, il continua en ces termes :

« Le comte Arthur de V*** descendait d'une très ancienne et très illustre famille du Midi. Sa mère, veuve de très bonne heure, n'avait eu que lui. d'enfant, et était sans biens ; mais elle avait un frère qui avait une immense fortune.

Ce frère, monseigneur l'abbé de V***, avait été successivement à la cour de Louis XVIII, et plus tard à celle de Charles X, un des prélats les plus influens, et l'on sait quelle était à cette époque la puissance du clergé, puissance qui gouvernait la France, le souverain et même l'armée. L'abbé de V*** était d'un caractère froid, d'un esprit sévère et hautain, d'un caractère égoïste, et pourtant excellent parent, car il avait de l'ambition pour lui et les siens. Il se chargea de l'éducation de son neveu, le mit bien en cour, fit rendre à sa sœur une partie de ses biens confisqués pendant l'émigration, et la pauvre comtesse de V*** mourut en bénissant son frère et en recommandant pour lui à son fils une obéissance aveugle!

Arthur, qui adorait sa mère, lui jura à son lit de mort tout ce qu'elle voulut, serment d'autant plus facile à tenir que depuis son enfance il avait une peur horrible de monseigneur son oncle, et avait toujours été habitué à se soumettre sans résistance à ses moindres volontés.

Grave, doux et timide, mais cependant plein de courage et d'honneur, Arthur avait toujours senti un vif penchant pour la carrière des armes, pour l'uniforme et pour l'épaulette, peut-être aussi parce que dans le palais de son oncle il ne voyait que des robes noires et des surplis. Il osa un jour et avec une grande réserve faire part de ses intentions à Monseigneur, qui fronça le sourcil et lui annonça d'une voix ferme et décidée qu'il avait d'autres vues sur lui.

L'abbé de *** avait été nommé évêque, et il espérait mieux! Il avait des chances pour le chapeau de cardinal; et dans une si belle position, il voulait attirer après lui son neveu, l'élever aux plus hautes dignités de l'Église; en un mot, lui faire embrasser la carrière qui seule alors conduisait rapidement aux honneurs et à la puissance

Arthur n'osait résister ouvertement au terrible ascendant de son oncle, mais il jurait bien en lui-même de n'être jamais évêque.

Pourtant on en avait parlé au roi, qui avait accueilli ce projet avec une insigne bienveillance. — Arthur devait, dans quelques mois, entrer au séminaire, seulement pour la forme, puis recevoir les ordres, et passer rapidement des degrés inférieurs aux premiers rangs de son nouvel état.

Arthur n'avait pas oublié les sermens faits à sa mère, et, d'un autre côté, c'eût été aux yeux de tous une insigne ingratitude de se brouiller ouvertement avec un oncle, son seul parent et son bienfaiteur. — N'osant donc déclarer la guerre au redoutable prélat, et s'opposer directement à ses intentions épiscopales, il cherchait quelques moyens détournés pour arriver au même but et pour forcer l'abbé à renoncer de lui-même à ses desseins. Le seul moyen était d'arriver à quelque bon scandale qui le rendît indigne des saintes et respectables fonctions qu'on voulait lui conférer malgré lui.

Ce n'était pas facile, car Arthur, soit que cela vînt de son naturel ou de son éducation, avait un fond de principes et d'honnêteté qu'il ne pouvait vaincre. — N'est pas libertin qui veut; — il faut pour cet état une vocation comme pour les autres, et Arthur avait autant de peine à être mauvais sujet qu'à être évêque... Il y a des gens qui ne réussissent à rien.

Il avait pourtant des amis pleins de facilité et d'heureuses dispositions, qui, pour lui rendre service, l'entraînaient dans leurs joyeuses orgies. — Arthur y allait par raison..., mais le désordre l'ennuyait autant qu'il amusait les autres; sa froide sagesse glaçait la folie de ses compagnons, et finissait souvent par les rendre raisonnables, — il était signalé comme un trouble-fête, et il y avait renoncé.

Alors, et en désespoir de cause, il avait tourné ses vues vers les dames de la cour. — Mais dans cette cour, les dames fuyaient le bruit et le scandale, non pas qu'il y eut moins d'intrigues qu'autrefois, mais on les cachait mieux; et l'évêque, quoique averti des silencieuses passions de son neveu, eut l'air de ne rien savoir et de fermer les yeux, pensant probablement avec Molière :

Que ce n'est point pécher que pécher en silence.

Quel parti restait-il donc alors à ce pauvre Arthur, qui courait après le scandale comme d'autres courent après la gloire, sans pouvoir l'atteindre? Un de ses amis, franc libertin, lui dit :

— Prends une maîtresse à l'Opéra; ce théâtre est à la mode, tout le monde y va; cela se saura, cela fera du bruit, c'est tout ce qu'il faut.

— Moi! dit Arthur en rougissant d'indignation, me mêler d'une intrigue pareille!

— Tu ne t'en mêleras pas ; tout cela s'arrange avec les grands parens; et le traité une fois conclu, il n'en sera que ce que tu voudras; il ne s'agit pas que cela soit; mais qu'on le croie et qu'on le dise.

— A la bonne heure.

— Tu seras en titre et voilà tout ; tu sais bien que de nos jours... il y a une

foule de titulaires qui n'exercent pas....
tu seras comme eux.

— Soit; j'y consens.

On a vu les détails de la présentation et la première entrevue de Judith, d'Arthur et de la tante.

On s'arrangea pour que monseigneur l'évêque en fût instruit — Il ne dit rien.

On le prévint que presque toutes les nuits la voiture de son neveu stationnait rue de Provence, et Arthur espérait chaque jour une explication et une scène, où il comptait se rejeter sur la violence d'une passion qui désormais le rendait indigne des bontés de son oncle ; mais pas une plainte ne se fit entendre, et Arthur ne savait comment expliquer ce sang-froid et cette résignation évangéliques.

C'était le calme précurseur de l'orage.

Monseigneur lui dit un matin : Le roi a été fort irrité contre vous, j'ignore à quel sujet.

— Je le devine.

— Et moi je ne veux pas le savoir. Sa Majesté a pardonné, mais elle exige que dans deux jours vous entriez au séminaire.

— Moi, mon oncle...

— Ce sont les ordres du roi, c'est auprès de lui qu'il faut réclamer; et il lui tourna le dos.

Arthur furieux, hors de lui, ne sachant où donner de la tête, courut chez Judith, l'emmena aux Tuileries, l'avoua pour sa maîtresse aux yeux de tout Paris et à la veille de partir pour le séminaire. Cette fois, il n'y eut pas moyen de ne pas éclater. Impossible, après un tel scandale, de songer, de long-temps du moins, à le faire entrer dans l'Église. —C'est tout ce qu'Arthur demandait. — Monseigneur écrivit à Judith la lettre menaçante que nous avons vue, et le roi envoya au comte l'ordre de quitter Paris dans les vingt-quatre heures. — Il fallait obéir. Par bonheur, Arthur était intimement lié avec un des fils de M. de Bourmont, qui, lui-même, partait la nuit suivante pour Alger, où se préparait une importante expédition. — Arthur le supplia de l'emmener avec lui, comme volontaire, de n'en rien dire à personne, ni au roi, ni à son oncle. Puisqu'on me laisse libre du lieu de mon exil, se disait-il, je le choisirai glorieux. — J'irai où il y a du danger et de l'honneur! Je me ferai tuer, où j'entrerai un des premiers dans la Casauba, et quand je reviendrai avec un drapeau, on verra si l'on ose encore m'affubler d'une étole et me faire donner la bénédiction aux fidèles.

Il s'éloigna de nuit dans le plus grand secret, car toutes ses démarches étaient observées, et il craignait que si on devinait le but de son voyage, on ne l'empêchât de partir; il écrivit un mot à Judith pour la prévenir seulement qu'il la quittait pour quelques jours; mais ce billet, tout insignifiant qu'il était, fut intercepté et ne parvint pas. Le préfet de police était aux ordres de monseigneur.

La semaine suivante, Arthur était en pleine mer, et le vingtième jour il débarquait en Afrique. Il monta des premiers à l'assaut, au fort de l'Empereur, et fut blessé à côté de son intrépide ami, M. de Bourmont, qui tomba frappé à mort au milieu d'un triomphe. —

Long-temps Arthur fut en danger; pendant deux mois on désespéra de ses jours, et quand il revint à lui, sa fortune, ses espérances, celles de son oncle, tout avait disparu en trois jours, avec la monarchie de Charles X.

L'évêque n'avait pu résister à un pareil désastre; malade et souffrant, il avait voulu suivre la cour exilée, il ne l'avait pu. — L'impatience, la colère continuelles qu'il éprouvait, avaient exalté son cerveau et enflammé son sang; une fièvre dangereuse se déclara, et dans l'état d'irritation où il était, ne sachant à qui s'en prendre, ce fut sur son neveu qu'il se vengea de la révolution de juillet.

Arthur, à peine rétabli de sa blessure,

arriva à Paris, — et c'est ici, messieurs, dit le notaire en élevant la voix, que je commence à entrer en scène. — M. le comte vint chez moi pour me confier les affaires de la succession dont il était peu en état de s'occuper. — J'étais depuis long-temps son notaire et celui de sa famille, cela me revenait de droit : nous procédâmes d'abord à la levée des scellés.

Je ne vous parlerai point des détails de l'inventaire, quoiqu'un inventaire bien fait et bien dressé ait bien aussi son prix; en inscrivant à leur numéro d'ordre les différens papiers que renfermait le secrétaire de monseigneur, j'aperçus un billet gauffré et satiné, signé *Judith, danseuse à l'Opéra !* La lettre d'une danseuse chez un évêque !... J'aurais voulu pour l'honneur du clergé la faire disparaître ; mais déjà Arthur s'en était saisi, et voyant son trouble et son émotion, je crus un instant, Dieu me pardonne cette mauvaise pensée, que monseigneur et son neveu avaient été rivaux sans le savoir.

— Pauvre fille !... pauvre fille !... disait Arthur... Quelle noblesse ! quelle générosité ! quel trésor je possédais là !.. Tenez..., monsieur..., tenez, lisez, me dit-il, et quand je relus cette phrase :

Si l'on offense le ciel en aimant de toute son âme, c'est un crime dont je suis coupable..., mais dont il n'est pas complice.

— C'est pourtant vrai ! s'écria Arthur, qui avait alors les larmes aux yeux ! elle m'aimait de toute son âme, et je ne m'en apercevais pas, et je ne songeais pas à l'aimer..., et elle avait seize ans, et elle était charmante !... car vous ne savez pas, monsieur, comme elle est jolie..., c'est la plus jolie femme de Paris.

— Je n'en doute pas, monsieur le comte... Mais si vous voulez que nous achevions l'inventaire....

— Comme vous voudrez...

Et il continuait à lire à voix haute les fragmens de la lettre.

« Si le ciel, si mon bon ange, si le
« bonheur de toute ma vie voulaient
« qu'il me répondît : Je vous aime !

« Ah! c'est bien mal ce que je vais
« vous dire, et vous allez, à juste titre,
« m'accabler de vos reproches, de vos
« malédictions; — mais voyez-vous,
« monseigneur, il n'y a pas de pouvoir
« au monde qui puisse m'empêcher
« d'être à lui, de lui tout sacri-
« fier... »

— Et j'ai méconnu... j'ai repoussé
un pareil amour, s'écriait Arthur. —
C'est moi, c'est moi seul qui fus coupable..., mais je réparerai mes torts, —
je lui consacrerai ma vie tout entière..;
je vous le promets, je vous le jure. —

Eh! qui maintenant d'ailleurs pourrait me blâmer d'avouer une telle maîtresse?... J'en suis fier. — Je l'aime, je le dirai à tout le monde, et tout le monde me l'enviera..., à commencer par vous, monsieur le notaire, qui ne m'écoutez pas... et qui regardez si attentivement ce fatras de papiers.

— Ces papiers..., c'était le testament de son oncle, que je venais de découvrir, — testament qui le deshéritait et qui disposait de l'immense fortune du défunt en faveur des hospices, et pour des fondations pieuses.

Je le dis à Arthur, qui ne montra pas la moindre émotion et se mit à relire la lettre de Judith.

— Vous la verrez, ma jolie maîtresse, me dit-il, vous la verrez, je veux que vous dîniez aujourd'hui avec elle.

— Mais ces papiers..., ce testament...

— Eh bien! me dit-il en souriant, cela ne me regarde plus; — heureusement, Judith m'aimera sans cela!!! Adieu, monsieur, adieu; je vais la voir, je vais retrouver près d'elle plus que je n'ai perdu.

Et il sortit les yeux rayonnans de plaisir et d'espoir.

— Singulier jeune homme, me dis-je, qu'une maîtresse console d'une succession perdue ! et j'achevai mon inventaire.

Quelques heures après, j'étais de retour chez moi ! Je vois entrer Arthur comme un fou, comme un homme en délire. — Elle n'y est plus ! me dit-il, elle n'y est plus. — Perdue..., elle est perdue pour moi !

— Eh quoi, une infidélité !!...

— Qui vous l'a dit, s'écria-t-il vivement en me prenant au collet.

— Je n'en sais rien.

— A la bonne heure ; car je n'y survivrais pas ! Depuis mon départ, depuis

trois mois elle a disparu, elle a quitté
l'Opéra.

— Que vous ont dit ses compagnes?

— Des absurdités. Les unes préten-
dent qu'elle a été enlevée... une autre
m'assurait de sang-froid qu'elle avait
l'intention *de se périr*.

— C'est possible!... depuis la révolution de juillet le suicide devient à la
mode!

— Ne dites pas cela... j'en perdrais
la raison. J'ai couru à son appartement
de la rue de Provence, elle l'avait quitté
sans dire où elle allait.

— Aucun indice?

— L'appartement est à louer. — Personne ne l'a habité depuis elle.

— Et vous n'avez rien trouvé?

— Rien! seulement dans la chambre de sa tante, à terre... cette adresse, cette carte d'emballage sur laquelle était écrit : *A Madame Bonnivet à Bordeaux*.. Car je me le rappelle, elle est de ce pays-là.

— Eh bien.....?

— Eh bien, chargez-vous ici de mes affaires, arrangez cela comme vous l'entendrez.

— Que voulez-vous faire?

— Suivre ses traces ou celles de sa tante.... la chercher, la découvrir.

— Souffrant comme vous l'êtes, vous voudriez partir demain pour Bordeaux?

— Demain, c'est trop tard!

Il partit le soir même! Et... — Ici le quatrième acte des *Huguenots* commença : le notaire ne parlait plus, il écoutait... Et il nous fallut attendre à l'autre entr'acte la suite de l'histoire.

V

M. Nourrit venait de sauter par la fenêtre, mademoiselle Falcon venait de s'évanouir; le quatrième acte des *Huguenots* finissait au bruit des applaudissemens, et le notaire continua son récit en ces termes :

Arthur était resté six mois à Bordeaux, cherchant, interrogeant, demandant à tout le monde madame Bonnivet dont personne ne pouvait lui donner de nouvelles. Il l'avait même fait mettre dans les journaux! et la pauvre femme serait morte de plaisir, si elle s'y était vue!... Mais cela ne lui était plus possible. Le propriétaire d'une petite maison dans laquelle elle avait demeuré vint donner à Arthur les renseignemens qu'il avait fait demander par les gazettes. Madame Bonnivet était morte depuis deux mois.

— Et sa nièce...?

— N'était pas avec elle ; mais la tante jouissait d'une certaine aisance : elle avait cent louis de rente viagère.

— D'où cela lui venait-il?

— On l'ignore.

— Parlait-elle de sa nièce?

— Quelquefois elle prononçait son nom... et puis s'arrêtait comme craignant de trahir un secret qu'elle devait garder.

Arthur, malgré tous ses soins et ses recherches, n'avait pu en apprendre davantage; il était revenu désespéré. Car depuis qu'il avait perdu Judith, depuis qu'il en était séparé à jamais, son attachement pour elle était devenu un amour, une passion véritable. C'était maintenant la seule affaire, la seule occupation de sa vie! Il se rappelait amèrement les instans si rares qu'il avait passés auprès d'elle ; il la voyait devant ses yeux parée de tant de charmes, de tant d'amour... Et tous ces biens qui lui avaient appartenu il les avait dédaignés; il n'en connaissait le prix qu'en les perdant pour toujours. — Il recherchait tous les lieux où il l'avait vue. — Il ne quittait pas l'Opéra.

Il voulut habiter l'appartement de la rue de Provence. A son grand regret, il avait été loué en son absence par un étranger qui ne l'occupait pas! Il voulut le revoir, du moins. — Le concierge n'en avait pas les clés, et les portes et les persiennes de l'appartement restèrent constamment fermées.

Vous vous doutez bien que, tout entier à ses regrets et à son amour, Arthur ne songeait guère à ses affaires; mais moi je m'en inquiétais pour lui, et je voyais avec peine qu'elles prenaient une tournure fâcheuse. — Deshérité par son oncle, Arthur n'avait pour toute fortune que le bien de sa mère, quinze mille livres de rente à peu près. — Il en avait dissipé plus de la moitié, d'abord dans les folies qu'il avait faites autrefois pour Judith, et ensuite dans les dépenses qu'il faisait maintenant pour découvrir ses traces : car rien ne lui coûtait.

Au plus léger indice, il expédiait des courriers dans toutes les directions et semait l'or à pleines mains.., mais toujours sans succès. Aussi il me répétait sans cesse qu'elle n'existait plus, qu'elle était morte! Dans nos rendez-vous d'affaires, il ne parlait que d'elle, et moi je lui parlais de la nécessité de vendre et de liquider. — Je l'y décidai enfin, et non sans peine; c'était pour lui un grand chagrin de se défaire des biens qui lui venaient de sa mère... Mais il le fallait... Il devait près de deux cent mille francs, et les intérêts à payer auraient bientôt absorbé le reste de sa fortune.

On apposa donc les affiches, on fit les

insertions dans les journaux, et la veille du jour où la vente devait se faire dans mon étude, je reçus d'un de mes confrères une communication qui me remplit de surprise et de joie. Le sort se lassait donc de poursuivre ce pauvre Arthur!!!

Un M. de Courval, homme d'une probité équivoque, et débiteur de sa mère d'une somme considérable, demandait à s'acquitter; le capital et les intérêts montaient à cent mille écus; la dette était bien réelle, bien exigible, et mon confrère m'apportait les fonds en bons billets de banque. — Il n'y avait pas moyen de douter d'un pareil bonheur. Je courus l'annoncer à Arthur, qui reçut cette nouvelle sans plaisir ni peine.

Dès qu'on ne lui parlait pas de Judith, tout lui était indifférent.

Pour moi, je me hâtai de donner quittance, de payer nos créanciers, de dégrever nos biens, et tout allait à merveille, sauf un incident difficile à expliquer.

Arthur rencontra un jour ce vieux M. de Courval qui venait de s'acquitter si noblement envers nous. Il habitait d'ordinaire la province et se trouvait par hasard à Paris. — Arthur lui tendit la main, et le remerciait de son procédé, au moment même où celui-ci s'excusait avec embarras des malheurs multipliés qui le mettaient dans l'impossibilité de jamais faire honneur à ses affaires.

— Et vous venez le mois dernier de me payer cent mille écus ?

— Moi !...

— Je n'ai plus de titres contre vous, ils sont anéantis. Vous ne me devez plus rien.

— Ce n'est pas possible !

— Voyez plutôt mon notaire !

Le débiteur, qui ne l'était plus, accourut chez moi, et ne pouvait revenir de son étonnement.

— C'est fort heureux pour vous, lui dis-je.

— Et encore plus pour M. Arthur..., me répondit-il d'un air triste et mécontent, car moi j'avais pris mon parti... ne pouvant pas payer, c'est comme si je ne devais pas; et cette affaire-là ne me rend pas plus riche; mais lui!... c'est bien différent!... il peut se vanter d'avoir du bonheur!...

— Quoi! vraiment? vous ne savez pas d'où cela vient?

— Je ne m'en doute pas; mais si toutes les faillites s'arrangeaient ainsi, il y aurait du plaisir... tandis que franchement il n'y en a guère...

— Monsieur doit donc encore.

— Près du double de ce que j'ai, ou

plutôt de ce qu'on a déjà payé pour moi, et si l'on se présentait pour continuer la liquidation, je vous prie de m'avertir.

— Je n'y manquerai pas.

Notre surprise redoubla, et Arthur se désolait de ne pouvoir deviner le mot de l'énigme. Je courus chez mon confrère, un honnête homme... fort instruit, qui n'en savait pas plus que moi... dans cette affaire-là, s'entend... On lui avait envoyé les fonds en lui recommandant de retirer et d'anéantir les titres. Il me confia la lettre d'envoi que je portai à Arthur. Il l'examina avec attention et n'en fut pas plus avancé. La lettre était timbrée du Hâvre, ville où demeurait M. de Courval. L'écriture, qui n'était pas la sienne, nous était tout-à-fait inconnue.... Mais Arthur poussa un cri de surprise et devint pâle comme la mort en apercevant le cachet à moitié brisé; c'était celui de Judith. Il lui avait fait cadeau autrefois d'une pierre antique et précieuse sur laquelle était gravé un phénix! Loin de voir dans ce présent une allusion ou un éloge, Judith n'y avait vu qu'un emblême de tristesse, et elle avait fait graver à l'entour ces mots : *Toujours seul!!* Ce cachet ne la quittait pas, et cette devise insignifiante pour tout autre, et pour elle si expressive, ne pouvait appartenir qu'à elle. — Cette lettre vient d'elle, s'écriait Arthur ; et il la laissa échapper de ses mains tremblantes.

— Eh bien! vous voilà sûr qu'elle existe encore et qu'elle pense à vous... vous devez être enchanté?

Arthur était furieux. Il aurait mieux aimé qu'elle fût morte ; car enfin, disait-il, pourquoi se cacher? Pourquoi, lorsqu'elle sait où j'habite, craint-elle de venir à moi et de se montrer? Elle est donc indigne de paraître à mes yeux? elle ne m'aime donc plus? elle m'a donc oublié?

— Cette lettre, lui dis-je, prouve le contraire.

— Et de quel droit, reprit Arthur hors de lui, vient-elle m'imposer ses bienfaits? D'où viennent ces richesses?

Qui lui a donné l'audace de me les offrir? et depuis quand me croit-elle assez lâche pour les accepter? Je n'en veux pas, reprenez-les.

— Je ne demande pas mieux... mais à qui les rendre?

— Peu m'importe!... je les refuse.

— Vous aurez beau les refuser, vos dettes sont payées, vos propriétés sont dégrevées, grâce aux cent mille écus...

— Vous vendrez mes biens, vous réaliserez cette somme à laquelle je ne toucherai jamais et qui restera déposée chez vous... jusqu'au moment où on pourra la reprendre.

— Mais l'état de fortune où vous vous trouverez alors ?

— Peu m'importe ! tout infidèle qu'elle est, je ne me repens pas de m'être ruiné pour Judith... mais être enrichi par elle est une humiliation que je ne puis supporter !

Et, malgré mes efforts, malgré toutes mes remontrances, il tint à ses résolutions. Les biens furent vendus, et très bien vendus, grâce à l'augmentation successive des propriétés; les premiers trois cent mille francs furent déposés dans mon étude, et il resta encore à

Arthur de quoi acheter six mille livres de rentes sur le grand-livre ; ce fut là toute sa fortune.

Il vécut ainsi pendant deux ans, cherchant à bannir un souvenir qui le poursuivait sans relâche ; sombre et mélancolique, refusant tout plaisir ou toute distraction, il était devenu incapable de se livrer au travail ou à l'étude, et je gémissais en moi-même de l'empire qu'exerçait une si cruelle passion sur un homme d'un esprit et d'un caractère aussi élevés. Il venait me voir presque tous les jours afin d'oublier Judith, et il m'en parlait sans cesse.

Il ne l'aimait plus, disait-il ; il la méprisait ; il aurait fui au bout du monde plutôt que de la revoir, et malgré lui ses pas le ramenaient dans les lieux qui lui parlaient d'elle et qui lui rappelaient son souvenir.

Un jour, ou plutôt une nuit, il était au bal masqué dans cette salle d'Opéra, où il n'entrait jamais sans un battement de cœur. Seul, malgré la foule... *toujours seul* (car c'est lui qui maintenant avait pris la devise de Judith)!! Il se promenait silencieusement au milieu du bruit... sur ce théâtre.... à cette place où tant de fois il l'avait vue apparaître... puis, s'égarant dans les corridors, il monta lentement à cette loge, à cette seconde de face où dans des temps plus heureux il s'asseyait tous les soirs, et d'où il lui donnait le signal de leurs innocens rendez-vous!

La porte de la loge était ouverte. Une femme en domino élégant y était seule et semblait plongée dans de profondes réflexions. A l'aspect d'Arthur elle tressaillit, voulut se lever et sortir... mais pouvant à peine se soutenir, elle s'appuya sur un des côtés de la loge et retomba sur son fauteuil. Son trouble même la fit remarquer d'Arthur qui s'approcha vivement et lui offrit ses services.

Sans lui répondre... elle le refusa de la main.

— La chaleur vous aura fait mal, lui

dit-il avec une émotion dont il n'était pas le maître, et si vous détachiez un instant ce masque...

Elle refusa encore et se contenta pour chercher de l'air de rejeter en arrière le camail du domino qui couvrait son front.

Arthur vit alors de beaux cheveux noirs qui retombaient en boucles sur ses épaules! C'était ainsi que Judith se coiffait!... cette pose gracieuse, cette taille fine et élégante, c'était la sienne.. c'étaient là sa tournure, ses manières, ce charme invisible et pénétrant que l'on devine et que l'on ne peut rendre!...

Elle se leva enfin !..

Arthur poussa un cri ! C'est lui à son tour qui se sentait mourir.... mais rassemblant promptement toutes ses forces, il lui dit à demi-voix :

— Judith... Judith !!.. c'est vous !

Elle voulut sortir !

— Restez ! restez de grâce ! laissez-moi vous dire que je suis le plus malheureux des hommes, car je vous ai méconnue lorsque vous méritiez tout mon amour !

Elle tressaillit !

— Oui, vous le méritiez alors... oui, vous étiez digne des hommages et des adorations de toute la terre, et pourtant, insensé que je suis, je vous aime encore, je n'aime que vous, je vous aimerai toujours... maintenant même que vous m'avez été infidèle... que vous m'avez trahi !

Elle voulut répondre, la parole expira sur ses lèvres... mais elle porta la main à son cœur, comme pour se justifier...

— Et comment, sans cela, expliquer votre absence, et surtout vos bienfaits!!.. ces bienfaits dont je rougis pour vous et que j'ai repoussés ? Oui, Judith, je n'en veux pas, je ne veux que vous et votre amour; et s'il est vrai que vous ne m'ayez pas oublié, que vous m'aimiez encore... venez!... suivez-moi! Il faut m'aimer pour me suivre... car maintenant je n'ai plus de fortune à vous offrir... Eh! quoi! vous hésitez... vous ne répondez pas!!... ah! j'ai compris votre silence!... adieu, adieu pour jamais!

Et il allait sortir de la loge... Judith le retint par la main.

— Parlez, Judith, parlez de grâce!

La pauvre fille ne le pouvait pas; les sanglots étouffaient sa voix.

Arthur tomba à ses genoux! elle ne lui avait rien dit... mais elle pleurait! il lui semblait qu'elle s'était justifiée!!

— Vous m'aimez donc encore!... vous n'aimez que moi!

— Oui, lui dit-elle, en lui tendant la main.

— Et comment vous croire?... quelles preuves! qui me les donnera?

— Le temps!

— Que dois-je faire?

— Attendez!

— Et quel gage de votre amour?..

Elle laissa tomber le bouquet de bal qu'elle tenait à la main, et pendant qu'Arthur se baissait pour le ramasser, elle s'élança dans le corridor et disparut.

Il la suivit quelques instans, l'aperçut de loin dans la foule; mais arrêté lui-même par le flot des masques, il la perdit de vue... Puis il crut la retrouver... Oui... oui... c'était elle... Il était sur ses traces, et au moment où il arrivait sous le vestibule, elle s'élançait dans un riche équipage que deux chevaux superbes emportèrent au grand galop? »

— Messieurs, dit le notaire en s'interrompant, il est bien tard; je me couche de bonne heure, et si vous voulez le permettre nous remettrons à après-demain la fin de l'histoire.

VI

Le mercredi suivant, c'était jour d'opéra : nous étions tous à l'orchestre, exacts au rendez-vous, et le notaire n'arrivait pas. On donnait *Robert*, et cet ouvrage me rappelait ma première entrevue avec Arthur. Je m'expliquais surtout sa tristesse, sa préoccupation, et je pensais que Meyerbeer, lui-même, n'aurait plus la force de lui en vouloir, et lui pardonnerait de n'avoir pas écouté le sublime trio de *Robert!*

Mais en ce moment Arthur était-il mieux disposé à apprécier la belle musique ? Était-il plus heureux ! Avait-il enfin retrouvé ou perdu sa Judith ?

Nous ignorions encore les obstacles qui les séparaient ; et notre impatience de connaître la fin de l'histoire redoublait encore par l'absence de l'historien. Il arriva enfin après le second acte, et jamais acteur aimé du public, jamais danseur qui reparaît après trois mois de congé, n'eut une entrée plus brillante que le petit notaire... Vous voilà ! — Venez donc, mon cher. — vous arrivez bien tard !

— Je viens de dîner en ville et d'assister à un contrat... je dis assister... car je n'exerce plus, j'ai vendu ma charge, et grâce au ciel je ne dois rien à personne...

— Excepté à nous !

— Vous nous devez un dénoûment...

— L'histoire de Judith...

— Nous vous avons gardé votre place, mettez-vous là.

On se serra, on s'assit et le notaire acheva ainsi l'histoire de Judith.

« Elle avait dit : *Attendez !*.... Et pendant quelques jours Arthur prit patience; il espérait toujours une lettre ou un rendez-vous ! Je la reverrai, disait-il, elle reviendra, elle me l'a promis, mais les jours, les semaines s'écoulèrent, et Judith ne revint pas.

Six mois se passèrent ainsi! puis un an, puis deux ans. Arthur me faisait peine; et plus d'une fois je craignis pour sa raison. Cette scène du bal masqué l'avait vivement affecté!.. Il y avait des momens où se rappelant cette Judith qu'il avait retrouvée, sans la voir, qui lui était apparue sans montrer ses traits il se croyait sous l'empire de quelque hallucination. Sa tête affaiblie par ses souffrances lui persuadait que c'était un rêve... une illusion, il en vint à douter de ce qu'il avait vu et entendu. il tomba sérieusement malade, et dans le délire de la fièvre... il voyait Judith lui apparaissant pour la dernière fois et venant lui faire ses derniers adieux; et je ne pourrais vous dire tout ce qu'il lui adressait de tendre et de touchant.. Judith était sa seule pensée, son idée fixe... C'était là le mal et le tourment dont il se mourait.

Nos soins le rendirent à la vie ; mais il resta sombre et mélancolique, et excepté moi il ne voyait personne. Il n'avait jamais voulu toucher à la fortune qu'il tenait de Judith, et la sienne, comme je vous l'ai dit, ne consistait plus qu'en six mille livres de rentes. Il en avait employé quatre pour louer à l'Opéra une loge à l'année... cette seconde loge de face où il avait passé, avec Judith, la nuit du bal masqué. — Il y alla tous les soirs, tant qu'il espéra qu'elle reviendrait... et puis, quand il eut perdu cette espérance, il n'eut plus le courage ni la force d'y entrer, il s'y trouvait *seul, toujours seul* (son éternelle devise), et cette idée lui faisait trop de mal. Seulement il venait de temps en temps à l'orchestre, il regardait douloureusement du côté de la loge de Judith, puis il s'en allait en disant: Elle n'y est pas!!...

C'était là toute sa vie; et excepté quelques voyages qu'il faisait de temps en temps, toujours dans l'espérance d'obtenir des nouvelles de Judith ou quelques indices sur son sort, il revenait toujours ici à Paris, et chaque soir, sans qu'il y eut de sa volonté ou de sa faute, ses pas se dirigeaient vers l'Opéra. C'est pour m'y rencontrer plus souvent avec lui, que j'avais loué ma stalle à l'année.

L'autre semaine, il était venu, — Il était assis à l'orchestre, non pas de ce côté, mais de l'autre! — Ce jour-là, tout-à-fait découragé, et n'ayant plus aucun espoir, il tournait le dos à la salle, et, plongé dans ses réflexions, il ne voyait rien et n'entendait rien.

Quelques exclamations bruyantes l'arrachèrent pourtant à ses rêveries.

Une jeune dame, d'une beauté remarquable et d'une parure charmante, venait d'entrer dans une loge, et toute l'artillerie des lorgnettes était dirigée de ce côté.

On n'entendait que ces mots : Qu'elle est jolie! Quelle fraîcheur!.. Quel air gracieux et distingué!

— Monsieur, quel âge lui donnez-vous?

— Vingt à vingt-deux ans.

— Laissez donc... Elle n'en a pas dix-huit.

— Savez-vous qui elle est?

— Non, monsieur; c'est la première fois qu'elle vient à l'Opéra...; car je suis un abonné.

D'autres voisins ne la connaissaient pas davantage.

Mais non loin d'eux, un étranger de distinction s'inclina respectueusement et salua la jolie dame.

A l'instant chacun lui demanda son nom.

— C'est lady Inggerton, la femme d'un riche pair d'Angleterre.

— En vérité !.. si jolie et si riche !..

— Et l'on dit qu'elle n'avait rien... Que c'était une pauvre jeune fille, qui, dans un désespoir amoureux, voulait se jeter à l'eau... et que, rencontrée et recueillie par le vieux duc, qui la traita comme son enfant...

— C'est un vrai roman.

— Ils ne finissent pas tous si bien,

car le vieillard qui l'avait prise en amitié, et qui ne pouvait plus se passer d'elle, a voulu, dit-on, l'épouser, pour lui laisser sa fortune... Ce qu'il a fait.

— Diable!.. Si elle est veuve.., c'est un joli parti.

— Aussi son deuil est expiré, et, en Angleterre comme en France, c'est à qui lui fera la cour.

— Je le crois bien, dit le jeune homme qui parlait, et qui d'une main releva sa cravate, tandis que de l'autre il lorgnait lady Inggerton. Eh! mais, monsieur, je crois qu'elle regarde de notre côté.

— Vous vous trompez, dit l'étranger.

— Non, parbleu!.. je ne me trompe pas... Je m'en rapporte à monsieur; et il s'adressait à Arthur qui n'avait rien entendu et à qui il fut obligé d'expliquer ce dont il s'agissait!

Arthur lève les yeux! et dans la loge des secondes de face... dans cette loge qui autrefois était la sienne... il aperçoit!.

Ah! l'on ne meurt pas de surprise et de joie... puisque Arthur existait encore... puisqu'il sentait les battemens redoublés de son cœur... puisqu'il conservait assez de force et de raison pour se dire... C'est elle!.. c'est Judith! Mais

en même temps... il restait immobile...
il n'osait remuer... il craignait de s'é-
veiller !

— Monsieur, monsieur... lui dit son
voisin... vous la connaissez donc !..

Arthur ne répondait pas, car, en ce
moment, les yeux de Judith avaient
rencontré les siens... Il y avait vu briller
un éclair de joie et de plaisir ! Et que devint-il, mon Dieu ! comment sa tête aurait-elle pu y résister... quand il vit la
main de Judith, cette main si blanche
et si jolie, s'élever lentement à la hauteur de son oreille, et, imitant le signal qu'on lui donnait autrefois, jouer
quelques instans avec des boutons en

émeraude dont Arthur lui avait fait présent.

Ah! cette fois, il crut devenir fou! il détourna la vue, mit la tête dans ses mains et resta ainsi quelques instans pour se convaincre que ce n'était point une illusion, pour se répéter qu'il existait encore et que c'était bien Judith qu'il venait de voir... puis quand il en fut bien sûr... il leva encore une fois les yeux vers elle!... la vision céleste avait disparu!... Judith n'était plus là... elle était sortie!..

Un froid mortel parcourut tous ses membres... une main de fer lui serra le cœur... puis se rappelant ce qu'il venait de voir... et d'entendre... car elle lui avait parlé .. elle lui avait donné un signal... il s'élança de sa place... sortit de l'orchestre, et courut dans la rue en disant : Si je m'abuse, cette fois... si c'est encore une erreur... ou je perdrai la raison, c'est sûr... ou je me tuerai... Et, décidé à mourir, il se dirigea froidement vers la rue de Provence; — Il frappa à la porte qui s'ouvrit..., et, tremblant, il demanda : — Judith.

— Madame est chez elle, dit tranquillement le concierge.

Arthur poussa un cri, et s'appuya sur la rampe de l'escalier pour ne pas tomber.

Il monta au premier, traversa tous les appartemens, ouvrit la porte du boudoir.

Il était meublé comme autrefois... il y avait six ans.

Le souper qu'il avait demandé avant son départ était là, tout servi. Il y avait deux couverts.

Et Judith, assise sur un canapé, lui dit au moment où il entra : Vous venez bien tard, mon ami. Et elle lui tendit la main.

Arthur tomba à ses genoux!!!...

Ici le notaire s'arrêta.

— Eh bien?.. s'écria tout le monde, achevez.

—Le notaire sourit et dit : Arthur ne m'en a pas conté davantage!..... D'ailleurs voici le troisième acte de *Robert* qui commence!

— Qu'importe ! achevez!

— Que vous dirais-je de plus?... je viens de dîner avec eux... j'ai signé au contrat!

— Ils se marient donc?

— Certainement, Judith l'a voulu!

— Pour dernière surprise, sans doute!....

— Peut-être lui en réserve-t-elle encore une autre!

— Laquelle? demanda vivement le professeur en droit?

— Je n'en sais rien!... répondit le notaire en souriant, mais on assure que le vieux duc son mari ne l'appelait jamais que : *Ma fille!*

En ce moment la loge des secondes s'ouvrit, Judith parut enveloppée dans son manteau d'hermine et appuyée sur le bras de son amant, de son mari!...

Et un même cri partit à l'instant des bancs de l'orchestre :

— Qu'elle est jolie !

— Qu'il est heureux !

POTEMKIN.

POTEMKIN,

ou

UN CAPRICE IMPÉRIAL.

Anecdote de la cour de Russie.

(Un appartement magnifique dans le palais de la Tauride. — Sur un lit recouvert de peaux de tigre un homme à moitié habillé est étendu et sommeille. — Près de lui, sur le parquet, des papiers, des cartes géographiques.— Un sabre, richement damasquiné, des ordres en diamans.— Sur une table à côté les restes d'un repas et plusieurs bouteilles vides.)

LA COMTESSE BRANITZKA, *entrant.*

Midi... Et il dort encore.

LE PRINCE POTEMKIN, *rêvant.*

Constantinople... Constantinople... c'est là le chemin!... En avant.

LA COMTESSE, *s'approchant de lui.*

Grégoire, éveillez-vous.

LE PRINCE POTEMKIN, *s'éveillant.*

A moi, grenadiers!... *(se mettant sur son séant.)* Qui vient là ?... Ah! c'est toi, comtesse... toi, ma nièce bien aimée... Pourquoi m'éveiller en ce moment?

LA COMTESSE.

Voici le milieu du jour; et tous les grands de l'empire, les ministres de Catherine sont là, dans votre anti-chambre, à attendre votre lever.

POTEMKIN, *avec humeur*.

Qu'ils attendent !... Et quand Catherine elle-même serait avec eux, qu'ils attendent. *(se frottant les yeux.)* Je faisais chanter un *Te Deum* dans la grande mosquée.

LA COMTESSE.

Des projets d'agrandissement, même en dormant !

POTEMKIN.

Oui, l'empire russe est trop étroit; j'y suis gêné; je n'y respire pas... Ah! s'il ne tenait qu'à moi...

LA COMTESSE.

Et que voulez-vous de plus?

POTEMKIN

Ce que je veux!... ce que je veux!... Être heureux, et je ne le suis pas... Quand n'aurai-je rien à faire!... quand pourrai-je me reposer!... le bonheur, c'est le repos.

LA COMTESSE.

Vous voilà bien!... Ami de la paresse, et toujours au travail... envieux de tout ce que vous ne faites pas, et ennuyé de tout ce que vous faites!

POTEMKIN.

Le moyen de ne pas l'être! Toujours des

craintes, des inquiétudes... J'avais laissé en mon absence le commandement de l'armée à Romanzoff; et j'ai reçu hier la nouvelle...

LA COMTESSE.

D'une défaite.

POTEMKIN.

Non; d'une victoire!... je le rappellerai.

LA COMTESSE.

Y pensez-vous?

POTEMKIN

Pour le récompenser... Il est vieux, il faut qu'il se repose... c'est à nous de combattre... je retournerai commander... Le prince Repnin et Suwarow m'inquiètent aussi ; mais je ne peux pas être partout. *(montrant les papiers qui sont sur la table).* Et ces édits, ces ukases à rendre ; ces établissemens à créer ; ces ordres à signer... tout retombe sur moi.

LA COMTESSE.

Chaînes pesantes! esclavage continuel, dont vous seriez bien fâché d'être délivré!... Vous, mon cher oncle, qui, il y a vingt ans, n'étiez qu'un petit élève en théologie, à l'université de Moscou ; plus tard, simple porte-enseigne dans les gardes, et maintenant...

POTEMKIN, *lisant l'adresse d'une lettre qu'il tient à la main.*

« Au prince Potemkin, premier ministre,
« généralissime de toutes les armées russes,
» grand amiral des flottes de la mer Noire,
« de la mer d'Azoff et de la mer Caspienne,
« grand hetman des Cosaques, etc., etc... »

LA COMTESSE.

Eh! mon Dieu! que de titres!...

POTEMKIN.

C'est à coup sûr quelqu'un qui demande... *(lisant)*. Ah! rien que cela... le titre de chambellan... une place qui admet dans l'intimité de l'impératrice... Et qui donc!... *(regardant la signature)*. Le comte de Schérémézoff.

LA COMTESSE.

Un joli cavalier.

POTEMKIN.

Ce n'est pas un mal.

LA COMTESSE.

De plus un homme de tête et de mérite.

POTEMKIN, *déchirant la pétition.*

Il n'aura pas la place!.. Colonel, s'il le veut... général, si cela lui plaît... Nous l'enverrons avec le prince Repnin. Il y a là de la gloire à gagner et des coups de fusils.

LA COMTESSE.

Et s'il revient avec un bras ou une jambe de moins?

POTEMKIN.

Alors il n'y aura plus de dangers, nous le ferons chambellan.

LA COMTESSE.

Ah! vous êtes jaloux!

POTEMKIN.

Moi!... et de quoi? Me crois-tu donc amoureux? Je ne l'ai été que deux fois dans ma vie... d'abord, il y a vingt ans, lorsque ma fortune en dépendait; lorsque dans la conquête d'une maîtresse, je voyais celle de la Russie. Il fallait plaire, pour renverser ces ambitieux Orloff; et quand je me rappelle leurs affronts.. celui surtout du jeu de paume, j'avais la rage dans le cœur; je n'ai jamais été plus aimable que ce jour-là, et de ce jour je fus heureux.. je fus empereur.

LA COMTESSE.

Et votre amour, que devint-il dans le palais des czars?

POTEMKIN.

Amour de gloire et de puissance... Celui-là dure toujours, et mourra avec moi... Par lui, on est grand, on est envié... on souffre, mais on règne!... et cette fortune immense, colossale, que la Russie, que l'Europe entière essaie en vain de renverser, toi seule, Nadèje, a manqué de l'ébranler.

LA COMTESSE.

Moi!

POTEMKIN.

Oui! il n'y a que toi que j'aie aimée, toi, jeune fille que j'avais élevée; c'est ma seule faute en politique.... et quand j'y pense.... quelle folie! quelle fièvre me tenait alors!... Je me rappelle qu'un jour, là, à tes pieds, je te disais : « L'amour d'une souveraine, le trône de la Russie... tout pour un seul de tes regards. » Et ce jour-là, je l'aurais fait.. j'aurais tout sacrifié.

LA COMTESSE.

Oui ; mais le lendemain !...

POTEMKIN.

Le lendemain... je ne dis pas... mais y songe-t-on quand on aime ?

LA COMTESSE.

Et tu te croyais amoureux !...

POTEMKIN.

Je l'aurais juré, et souvent, Nadèje, je le jurerais encore.

LA COMTESSE.

Erreur! tu ne seras jamais qu'ambitieux...
et moi, je ne serai jamais que ton amie, ta
nièce, ta fille... Tout le monde te craint, te
respecte ou t'admire... il faut bien qu'il y ait
quelqu'un qui t'aime... ce sera moi.

POTEMKIN.

Jamais je n'en eus plus besoin... jamais je
n'ai été plus malheureux, plus ennuyé...
Courtisé par eux tous et moi-même
courtisan assidu... obligé d'épier, de deviner les fantaisies d'une souveraine; de
prévenir tous ses vœux; de ne pas lui laisser
même un désir à former... et souvent elle en
a de si extraordinaires, de si bizarres, de si
absurdes!

LA COMTESSE.

Elle, Catherine, notre magnanime impératrice!

POTEMKIN.

Oui. C'est un grand souverain, un grand homme; mais c'est une femme! maîtresse d'un empire immense, ses caprices sont plus grands encore que son pouvoir; et ce despotisme intérieur, ces royales fantaisies d'une imagination en délire, moi seul en suis le témoin et la victime. Froide et impassible aux yeux de sa cour et de toute l'Europe, on ne voit en elle qu'un grand politique, un conquérant, un roi législateur; c'est la raison, la philosophie sur le trône! et Voltaire l'appelle un sage. Ah! s'il avait été à ma place, il saurait à quoi s'en tenir.

LA COMTESSE, *avec gaîté.*

Vraiment!

POTEMKIN.

Et voilà comme on écrit l'histoire! Ah!

que de fois j'ai maudit l'empire du jupon!
que de fois, foulant la pourpre des czars, accablé de bonheur et d'ennui, tenant dans mes bras ma fortune, je la pressais contre mon cœur, non avec amour, mais avec rage, comme pour l'étouffer.

LA COMTESSE.

Quelle horreur!

POTEMKIN, *revenant à lui*.

Qu'ai-je dit?... Je te confie tout, Nadège, je te laisse lire dans mon cœur, et j'ai tort peut-être; car si tu me trahissais, si tu me livrais à mes ennemis.

LA COMTESSE.

Se défier de moi!

POTEMKIN.

Non pas de toi; mais tu es jeune, tu es jolie, tu es entourée de courtisans qui t'adorent, ne t'y trompes pas, parce que tu es la nièce de Potemkin.

LE COMTESSE, *souriant*.

Et pour d'autres raisons aussi.

POTEMKIN.

C'est là ce qui m'effraie. Tu n'aurais qu'à les aimer; tu leur livrerais mes secrets. Je ne le veux pas, je le défends, ou sinon...

LA COMTESSE, *riant*.

Sinon, le knout, la Sibérie...

POTEMKIN, *avec colère.*

Oui, je puis tout... et malheur à eux, malheur à toi!

LA COMTESSE.

A merveille! voilà qui est galant, qui est aimable! et j'admire, Potemkin, comment ton caractère réunit à la fois les avantages et les défauts les plus opposés. Semblable en tout à l'empire russe, que tu soutiens, et dont tu es la vivante image, tu es, comme lui, moitié civilisé et moitié barbare. Il y a en toi de l'asiatique, de l'européen; du tartare et du cosaque; mais ce dernier domine. Je n'en veux pour preuve que la déclaration que tu viens de me faire.

POTEMKIN.

Qui, moi? pardonne, Nadèje.

LA COMTESSE.

Non pas ; et pour te punir, j'acheverai ton portrait, et je te forcerai à te regarder. Gâté par la fortune, blâsé sur toutes les jouissances de la vie, malheureux à force d'être heureux, grand général, ministre habile, mais tour à tour despote et populaire, avare et magnifique, libertin et superstitieux.

POTEMKIN.

Moi !

LA COMTESSE.

Oui, oui, tu crois en toi, en ton étoile, et tu ne redoutes rien, si ce n'est le diable, que tu révères beaucoup.

POTEMKIN, *d'un air gêné.*

Quelle folie !

LA COMTESSE.

D'où vient donc alors ce cachet magique que tu portes toujours là, sur ton sein ?

POTEMKIN.

Tois-toi, tais-toi ; tu blasphêmes! et quant il serait vrai, quand j'aurais cette faiblesse, le diable a assez fait pour moi pour que je fasse quelque chose pour lui. Franchement il faut qu'il se soit mêlé de mes affaires. Je crois souvent que c'est lui qui me conseille.

LA COMTESSE.

Oui, tout à l'heure encore, quand il te

portait à soupçonner ta meilleure, ta seule amie ! moi qui ne tiens ni à tes honneurs, ni à ton pouvoir. Moi qui ai tout refusé, jusqu'à ton amour ; moi enfin qui n'ambitionne rien que ton amitié, et qui braverais pour elle le knout et la Sibérie, que tu as daigné me promettre tout à l'heure.

POTEMKIN.

Ah ! ma nièce chérie ! ah ! Nadèje ! je suis un monstre, un ingrat.

LA COMTESSE.

Non, je te l'ai dit, tu es ambitieux, et voilà tout... mais habillez-vous, donnez vos audiences, car on vous attend. Je vous dirai plus tard ce qui m'amène.

POTEMKIN.

Non pas, toi d'abord, toi avant tout...

Parle ; que veux-tu ? je suis riche ; l'impératrice m'a envoyé hier cinq cent mille roubles, elles sont à toi.

LA COMTESSE.

Je ne veux rien pour moi ; je viens vous parler pour un pauvre diable, un simple soldat auquel je m'intéresse.

POTEMKIN.

Je le fais officier.

LA COMTESSE.

Au contraire ; il veut son congé. Voici son nom et celui de son régiment.

POTEMKIN, *regardant le papier qu'elle lui a donné.*

Mouravieff, grenadier au régiment de

Kerson... régiment arrivé hier à Saint-Pétersbourg. (*Riant*) Comment ce soldat a-t-il l'honneur d'être votre protégé?.

LA COMTESSE.

C'est depuis ce matin. Il était de garde à l'hôtel des monnaies, où un incendie venait de se déclarer, et il restait immobile sous les armes dans sa guérite en feu, parce que le caporal qui l'avait mis en faction n'était pas là pour le relever.

POTEMKIN.

Bel exemple de discipline russe!.. obéissance aveugle; c'est le secret de notre force. Une armée qui ne raisonne pas plus que cela est une armée invincible.

LA COMTESSE.

Quoiqu'il en soit, je m'intéresse à mon

jeune soldat, car il est jeune, un superbe grenadier, qui ne répond que par monosyllabes, car je l'ai interrogé, et il fait la conversation comme il fait l'exercice.

POTEMKIN, *riant*.

En douze temps.

LA COMTESSE.

Et je lui ai promis son congé ; car il est amoureux, et il doit épouser dans son pays une jeune fille qui l'attend aussi patiemment qu'il attendait le caporal.

POTEMKIN.

Vraiment! Je veux le voir. Holà! quelqu'un.

LA COMTESSE.

Je suis sûre que cela vous amusera et vou intéressera.

POTEMKIN, *au domestique qui entre, lui donnant le papier.*

Qu'on fasse venir sur le champ ce soldat. *(à la comtesse).* Vous me restez; vous déjeûnez avec moi.

LA COMTESSE.

Volontiers... mais vos audiences...

POTEMKIN, *au domestique.*

Je ne reçois pas. Vous direz que je travaille avec l'impératrice et qu'on ne me dérange pas. Rien ne doit déranger un ministre qui déjeûne ou qui dîne. C'est le seul moment où il vive pour lui.

LA COMTESSE.

Encore un défaut à ajouter au portrait... Vous êtes gourmand.

POTEMKIN.

C'est qu'il n'y a que cela de réel et de positif; c'est le seul plaisir d'autrefois qui me soit resté fidèle dans ma grandeur.(*On a servi le déjeûner*). Allons! à table... voyons ces vins de France. (*Buvant*) A vous comtesse.

LA COMTESSE.

Et moi je bois au vainqueur d'Oczakof.

POTEMKIN.

Flatteuse! *(Ils mangent tous deux)*. Quelles nouvelles débite-t-on à Saint-Pétersbourg? En savez-vous de piquantes dont je puisse divertir l'impératrice?

LA COMTESSE.

On ne parle dans toutes les sociétés que de

l'aventure de cette pauvre princesse Woronska.

POTEMKIN, *souriant.*

Ah! oui... je sais.

LA COMTESSE.

Cela vous fait rire, un attentat pareil! Un homme de rien, un mougik, un cosaque, employer la violence contre une femme de qualité! déshonorer une noble famille!

POTEMKIN.

J'en conviens comme vous, c'est épouvantable, et je ne ris que parce que la princesse est de toute la cour la vertu la plus prude et la plus sévère.

LA COMTESSE.

Est-ce une raison?

POTEMKIN.

Non, sans doute. Aussi les lois ont prononcé : Le mougik Iglou est condamné à mort, et sera probablement exécuté aujourd'hui ou demain, dès que l'impératrice aura signé son arrêt, que j'ai là.

LA COMTESSE.

C'est justice.

POTEMKIN.

Toutes les femmes penseront comme vous.

LA COMTESSE.

Et les hommes aussi.

POTEMKIN.

Certainement... mais d'autres nouvelles plus gaies que celle-là.

LA COMTESSE.

On dit, ce qui n'est guère probable, que les Turcs vont nous céder la Crimée.

POTEMKIN, *à demi-voix*.

C'est déjà fait. J'ai conquis sans combattre, les plus riches provinces musulmanes.

LA COMTESSE.

Et comment cela?

POTEMKIN.

On le saura plus tard... quand ce sera ma propriété.

LA COMTESSE.

Y pensez-vous?

POTEMKIN.

C'est là l'objet de mes vœux, c'est là où je veux amener Catherine. Le gouvernement de la Crimée, joint à ceux d'Astracan et d'Azoff que je possède déjà, me rendront un souverain plus puissant que bien des souverains de l'Europe. Alors je pourrai tout braver... même un caprice de femme!...

LA COMTESSE.

Que dites-vous?

POTEMKIN.

Qu'il faut toujours qu'un favori songe à se rendre indépendant. Arrivé où je suis je ne puis plus descendre : et si je tombe, ce sera en montant. Mais, grâce au ciel, nous n'en sommes pas là.

LA COMTESSE.

L'impératrice vous aime tant !

POTEMKIN.

Je le crois, car je lui suis nécessaire.

LA COMTESSE.

Vous exercez sur elle une telle influence !

POTEMKIN.

Pas toujours. Il y a ici quelque machination qui se trame et que je veux déjouer. Depuis hier, Sa Majesté est rêveuse, préoccupée ; elle a dans l'âme une pensée que je ne connais pas, et dont je veux me rendre maître.

LA COMTESSE.

Peut-être un rival qu'elle va vous donner?

POTEMKIN, *souriant*.

Si ce n'était que cela, je le saurais, elle me l'aurait dit.

LA COMTESSE.

Est-il possible ?

POTEMKIN.

C'est un traité passé entre nous. Je vois les choses trop en grand, et elle aussi, pour attacher de l'importance aux mutations de ce genre ou aux nombreuses promotions que peut faire Sa Majesté. Comme souveraine, elle a le droit de nommer à tous les emplois ; mais j'exige, moi, premier ministre, que les choix soient soumis à mon approbation.

LA COMTESSE, *riant*.

C'est admirable.

POTEMKIN.

Traité auquel elle n'a jamais manqué, et

qu'elle a toujours exécuté avec une fidélité et une bonne foi vraiment impériales. C'est à moi alors de n'admettre dans le personnel que des sujets qui ne peuvent me porter ombrage. J'ai nommé dernièrement le comte Momonof, jeune moscovite très distingué, qui n'a pas en politique deux idées de suite, mais qui réunit du reste toutes les qualités nécessaires au poste brillant où je l'ai placé et où je tâcherai de le maintenir.

LA COMTESSE.

Je ne puis revenir de ma surprise.

POTEMKIN.

Pourquoi donc? nous avons chacun nos attributions. Ce sont deux ministères, deux départemens tout à fait distincts, et où souvent ce n'est pas moi qui suis le plus occupé (*A un major qui entre*). Qui vient là? que voulez-vous?

LE MAJOR.

Ce grenadier au régiment de Kerson que votre altesse a fait demander est là, conduit par quatre fusilliers.

LA COMTESSE.

Il ne fallait pas tant de cérémonies.

POTEMKIN.

Qu'il entre.

(Paraît un grenadier d'une belle figure, fort et vigoureux, taille de six pieds. Il reste au fond de l'appartement, droit, immobile, et les bras collés contre le corps.)

C'est toi qu'on nomme Mouravieff.

MOURAVIEFF, *portant la main à son bonnet et balbutiant.*

Oui, général.

POTEMKIN.

Approche, et ne te trouble pas ainsi. (*Il s'avance tout d'une pièce, et reste auprès de la comtesse. Potemkin l'examine.*) En effet, il est très bien. Ce n'est pas la première fois que nous nous voyons. N'étais-tu pas avec moi au siège d'Oczacoff?

MOURAVIEFF, *toujours immobile.*

Oui, général.

POTEMKIN.

Sous le bastion à gauche, deuxième batterie.

MOURAVIEFF.

Oui, général.

POTEMKIN, *à la comtesse.*

C'est un brave qui s'est bien montré. (*A Mouravieff.*) Tu aimes donc la gloire? (*voyant qu'il se tait*) : réponds donc.

MOURAVIEFF, *embarrassé et se troublant.*

Excusez, général; je n'entends pas!

POTEMKIN.

Il me semble cependant que je parle russe. Je te parle, mon camarade, de la gloire qui a si bien payé nos travaux.

MOURAVIEFF, *cherchant à se remettre.*

Bien payé; oui, général, nous avions six copecks par jour.

LA COMTESSE.

Et c'est pour six copecks que tu restais dans cette batterie?

MOURAVIEFF.

Oui, altesse, le caporal m'y avait mis.

LA COMTESSE.

Et si tu avais reculé?

MOURAVIEFF.

J'aurais eu le knout.

POTEMKIN.

Tu crains donc le knout?

MOURAVIEFF.

Oui, général.

LA COMTESSE.

C'est la honte qu'il faut craindre.

MOURAVIEFF.

Oui, altesse.

POTEMKIN.

Et depuis, où as-tu servi?

MOURAVIEFF.

A Ismaïl.

LA COMTESSE,

Avec Souwarow?

MOURAVIEFF.

Oui, altesse.

LA COMTESSE.

Un assaut qu'on dit terrible? et tu t'en es tiré avec honneur?

MOURAVIEFF.

Oui, altesse, j'y ai gagné cinquante roubles.

POTEMKIN.

Et comment cela?

MOURAVIEFF.

Le général avait ordonné le pillage pendant deux jours.

LA COMTESSE.

Quelle horreur!

POTEMKIN.

Le pillage et tout ce qui s'ensuit ?

MOURAVIEFF.

Oui, général.

LA COMTESSE, *hésitant.*

Et... tu as... pillé?

MOURAVIEFF.

Oui, altesse, le général l'avait dit.

LA COMTESSE.

Et si tu avais refusé ?

MOURAVIEFF.

J'aurais eu le knout.

LA COMTESSE.

Toujours le knout! Il paraît que c'est le

mobile de l'honneur national; et quoique vous en disiez, mon cher oncle, malgré votre admiration pour la discipline et l'obéissance passive, il me semble que le jour où ils comprendront qu'une balle est aussi à craindre que le knout, votre invincible armée sera bientôt en déroute.

POTEMKIN, *à demi-voix*.

Tais-toi!... tais-toi!... avant qu'ils en viennent là l'Europe sera à nous, et voilà pourquoi nous nous hâtons. (*A Mouravieff*). Tu veux donc ton congé?

MOURAVIEFF.

Oui, général.

POTEMKIN.

Ton pays?

MOURAVIEFF.

Astracan.

POTEMKIN.

Mon gouvernement! *(A la comtesse.)* C'est un de nos paysans. *(A Mouravieff.)* tu vas, en y retournant, te trouver serf et esclave.

MOURAVIEFF.

Oui, général.

LA COMTESSE.

Pauvre homme!

POTEMKIN.

Si je te donnais la liberté?

MOURAVIEFF, *froidement.*

Comme vous voudrez.

POTEMKIN.

Ou bien une vingtaine de roubles? lequel aimes-tu le mieux?

MOURAVIEFF, *riant d'un air étonné.*

Mon général veut rire.

POTEMKIN.

Non ; parle.

MOURAVIEFF.

Par saint Nicolas, j'aime mieux les roubles.

POTEMKIN, *à la comtesse.*

Que vous disais-je! vous voyez qu'ils sont encore loin de raisonner, et que l'Europe est plus près d'être à nous que vous ne pensez. (*A Mouravieff.*) C'est bien; en voilà trente à cause de tes principes. Retourne chez toi, va te marier, aie des enfans, je te l'ordonne.

MOURAVIEFF.

Oui, général.

POTEMKIN.

Et beaucoup, il nous en faut.

MOURAVIEFF.

Oui, général.

POTEMKIN.

Sinon le knout. Reviens dans deux heures, ton congé sera expédié.

MOURAVIEFF.

Oui, général.

Remercie madame, salue et va-t-en. Marche.

(Mouravieff salue, fait un demi-tour à droite, et sort tout d'une pièce, comme il était entré.

POTEMKIN.

Eh bien! comtesse, es-tu contente?

LA COMTESSE, *d'un air triste.*

Pas trop; il m'intéressait davantage ce matin. J'aimerais autant une armée qui raisonnât.

POTEMKIN.

Tu es bien difficile. Ce gaillard-là est peut-être le plus instruit et le plus éclairé de son régiment. C'est pour cela qu'en bonne politique (*souriant*), et outre le désir de vous être agréable, j'ai bien fait de lui donner son congé; il pourrait gâter les autres.

(Entre par une petite porte à droite un officier des gardes, qui s'approche vivement de Potemkin et qui lui dit à demi-voix.)

L'impératrice.

LA COMTESSE *se lève vivement, Potemkin reste assis.*

L'impératrice dans ces lieux!

POTEMKIN.

Oui, elle vient souvent le matin dans ces lieux par la galerie couverte qui conduit de son palais au mien. Adieu, Nadèje.

LA COMTESSE.

Je me retire.

POTEMKIN.

A ce soir ; il y a cercle à la cour : on vous y verra?

LA COMTESSE, *sortant.*

Oui, mon cher oncle.

> (Un instant après, et par la porte à droite, entre Catherine. Elle porte une tunique de velours nacarat, des diamans dans les cheveux. Elle s'avance d'un air préoccupé. Potemkin se lève et s'incline respectueusement. Catherine fait signe à l'officier des gardes de sortir.)

POTEMKIN, *regardant l'impératrice.*

Encore cet air sombre et rêveur! cela ne l'a pas quitté depuis hier soir. Il y a quelque chose qu'elle me cache, que peut-être elle se cache à elle-même. Je le saurai. (*haut.*) Mon auguste souveraine a-t-elle bien reposé?

CATHERINE, *brusquement.*

Oui, très bien.

POTEMKIN.

Et comment se trouve-t-elle ce matin ?

CATHERINE, *de même.*

Mal... j'ai de l'humeur.

POTEMKIN.

Et pourquoi ?

CATHERINE.

Je ne sais, je viens vous le demander.

POTEMKIN.

Une telle confiance m'honore beaucoup; le difficile est d'y répondre. Votre Majesté aurait-elle quelques plaintes à me faire du comte Momonoff.

CATHERINE, *lentement et comme occupée d'un souvenir agréable.*

Du tout... au contraire! sujet fidéle et dévoué dont je vous remercie ; il est comme il faut être, (*Après un instant de réflexion*), très bien, très bien. Peu d'esprit, par exemple.

POTEMKIN.

Votre Majesté en a tant.

CATHERINE, *avec humeur.*

Pas aujourd'hui ; et ayez celui de ne pas

me faire de complimens, car je suis mal disposée. Tout m'ennuie, tout me contrarie. J'ai reçu de mauvaises nouvelles, des nouvelles de France. Leur révolution marche.

POTEMKIN, *tranquillement.*

Ce n'est pas cela qui doit vous inquiéter; la France est loin.

CATHERINE.

Voilà le mal. Il faudrait en être près.

POTEMKIN, *souriant.*

Cela viendra. Nous avons déjà pris la Pologne; cela nous rapproche.

CATHERINE.

Et ce qui me déplait le plus, c'est l'arrivée

des émigrés français; on m'annonce même celle du comte d'Artois.

POTEMKIN, *vivement.*

Que vient-il faire?

CATHERINE.

Demander des secours.

POTEMKIN, *de même.*

Et vous leur en accorderez?

CATHERINE.

Aucun. Qu'ils se déchirent entr'eux; que la Prusse et l'Autriche s'en mêlent; qu'ils s'épuisent, qu'ils s'affaiblissent tous; nous verrons après.

POTEMKIN, *froidement et approuvant.*

C'est bien.

CATHERINE.

En attendant, si le prince vient à ma cour, j'entends qu'on le reçoive avec les plus grands honneurs. (*Souriant en elle-même*) Je veux même, puisqu'on le cite comme un chevalier français, je veux, devant toute ma cour, lui faire un présent chevaleresque auquel il sera sensible... Je lui donnerai mon épée.

POTEMKIN.

C'est à lui de s'en servir.

CATHERINE.

Une épée de femme!.. le présent est léger..

C'est la tienne qu'il lui faudrait, brave Potemkin, si elle n'était pas trop lourde pour son bras.

POTEMKIN.

Celle-là, vous le savez, ne sort jamais du fourreau que pour le service de ma glorieuse souveraine. (*Avec chaleur.*) Car elle est à vous, Catherine, comme mon sang, comme ma vie, comme tout ce que je possède... et au nom de ce dévouement tant de fois éprouvé, au nom de l'amitié la plus tendre, daignez me dire quelle idée importune vous préoccupe depuis hier.

CATHERINE, *troublée.*

Moi !... qui peut vous faire croire ?... qui vous a dit ?..

POTEMKIN.

Comment ne m'en serais-je pas aperçu ! mon existence, à moi, c'est vous; et rien de ce qui vous intéresse ne peut m'échapper.

CATHERINE.

Eh bien! oui, s'il faut vous l'avouer, ces négociations que vous avez commencées pour l'acquisition de la Crimée... m'inquiètent beaucoup... c'est si important.

POTEMKIN.

N'est-ce que cela? Nous avons réussi, et au-delà de nos vœux. Sahim-Guerray, le kan des Tartares, effrayé par mes menaces, et voyant ses ports bloqués par nos vaisseaux, vient de lui-même nous offrir ses riches provinces. Nous ne les prenons pas, on nous les donne.

CATHERINE, *étonnée.*

Que dites-vous?

POTEMKIN.

Que le descendant de Gengis-kan a cédé et vendu la Crimée, pour une faible somme qu'on lui paiera dans cinq ans, ou qu'on ne lui paiera pas, selon l'état de nos finances.... Voici l'acte de vente, signé par lui, et que je soumets à votre approbation; en attendant, nos troupes sont déjà entrées sur son territoire, et ont pris possession.

CATHERINE, *regardant l'acte.*

Il serait possible? (*froidement*) c'est bien, Potemkin, j'en suis ravie; car, je vous l'ai dit, c'est là ce qui me tenait au cœur.

POTEMKIN, *à part, en jetant sur elle un regard observateur.*

Elle me trompe : ce n'est pas cela. *(haut à Catherine).* Vous savez de quelle importance il est d'organiser ces nouvelles provinces ; d'y introduire les arts nés de la civilisation. Ce beau pays ne demande qu'à être cultivé, pour devenir le plus fertile de l'empire, et peut-être de l'Europe... La Crimée sera le grenier de la Russie... Mais pour obtenir promptement de pareils résultats, il faut s'en rapporter à quelqu'un qui donne à tout, le mouvement, l'impulsion et la vie ; quelqu'un, en un mot qui sache à la fois concevoir et exécuter.

CATHERINE, *froidement.*

Je comprends... vous, par exemple.

POTEMKIN.

Pourquoi pas? qui eût part à la peine peut bien l'avoir à la récompense.

CATHERINE, *froidement.*

Nous verrons... nous en parlerons.

POTEMKIN, *brusquement.*

Pourquoi attendre?

CATHERINE.

Vous avez déjà les gouvernemens d'Azoff et d'Astracan. Ce serait aussi vous accabler de trop de soins et de travaux.

POTEMKIN, *avec dépit.*

Vous me refusez?

CATHERINE, *avec humeur.*

Je ne dis pas cela... mais dans un autre moment... plus tard on s'en occupera.

POTEMKIN, *s'échauffant.*

Il ne sera plus temps... le temps nous presse... Il faut être prêt avant que l'Europe ne s'éveille; et c'est dans l'intérêt du pays, dans le vôtre, que j'insiste encore, et que j'oserai vous dire qu'il le faut... que je le demande... que je le veux.

CATHERINE, *avec fierté.*

Et moi, je ne le veux pas.

POTEMKIN, *s'emportant.*

C'est la première fois que le caprice et

l'humeur vous font repousser ce qui est juste et convenable... Voilà la récompense des services que, tout à l'heure encore, je viens de vous rendre, et que dans tout autre moment, vous auriez su apprécier... Voilà le prix de tant d'affection et d'amour... Catherine... Catherine... vous m'avez froissé et humilié : je suis malheureux et mécontent... mécontent de vous.

CATHERINE.

Et tu n'es pas le seul.,. Moi aussi je suis mécontente de moi... je suis bien malheureuse.

POTEMKIN.

Vous! grand Dieu!... Et que vous manque-t-il? Souveraine du plus grand empire de la terre. Quel désir pouvez-vous concevoir? quel vœu pouvez-vous former, qui ne soit à l'instant même réalisé ?

CATHERINE, *avec impatience.*

Quel vœu?... quel désir?... que sais-je?... Il fut un temps où l'on s'empressait de les deviner... de les prévenir.

POTEMKIN.

Y puis-je quelque chose? commandez.

CATHERINE.

Eh! mon Dieu non : cela ne dépend pas de vous; vous n'y pouvez rien, ni moi non plus... brisons là... qu'il n'en soit plus question... qu'on ne me parle plus de rien, car je sens mon humeur qui me reprend. *(S'asseyant.)* Quelles affaires y a-t-il, hâtons-nous, dépêchons.

POTEMKIN.

Différens arrêts des cours de justice, qu'il

vous faut signer. On a condamné les révoltés de Pilten et de Courlande à trois ans de prison.

CATHERINE, *avec humeur.*

C'est bien de l'indulgence... (*Écrivant et signant*). Trois ans de plus.

POTEMKIN.

Le receveur des impôts de Novogorod, accusé de concussion, à cinq années en Sibérie.

CATHERINE, *de même.*

Six ans de plus.

POTEMKIN.

Derschowin, écrivain pamphlétaire, gagé

par la Prusse, convaincu d'avoir publié un libelle infâme contre l'auguste personne de Votre Majesté, condamné à la détention perpétuelle.

CATHERINE, *sans l'écouter.*

Dix ans de plus.

POTEMKIN, *l'arrêtant au moment où elle va écrire.*

Un instant... Je demande grâce pour ce supplément de peine.

CATHERINE, *avec humeur.*

Que m'importe!... *(Déchirant l'arrêt).* Grâce tout entière, si vous voulez, pourvu que cela finisse.

POTEMKIN, *à part*.

Nouveau caprice!... et celui-là, la postérité l'appellera de la clémence

CATHERINE.

Est-ce tout? suis-je débarrassée? (*voyant Potemkin qui lui présente un papier*). Eh bien! encore une signature à donner.

POTEMKIN.

La dernière... et cette fois, votre rigueur n'aura rien à ajouter. C'est l'arrêt de mort de Pierre Thomas–Oglou, mougik au service de la princesse Waronska.

CATHERINE, *d'un ton plus doux*.

Ah! je sais... depuis hier, j'ai entendu par-

ler de cette aventure. Mais vaguement...
conufdonn ment... Donnez-m'en les détails.

POTEMKIN.

Quoi ! Votre Majesté exige...

CATHERINE.

Je n'ai pas, je crois, l'habitude de signer sans savoir de quoi il est question.

POTEMKIN.

Il résulte de l'acte d'accusation que Thomas-Oglou, esclave, né dans les domaines de la princesse Irène Waronska, était placé dans son hôtel à Saint-Pétersbourg, comme valet de pied. Voyant tous les jours sa maîtresse, il avait conçu pour elle une passion ardente et effrénée, que rien n'avait encore décelée. Ce n'est que le vingt-sept juin dernier, d'après les dépositions des témoins, qu'il en fit l'aveu à Michel Mohilof, son camarade, cocher de la princesse ; il lui confia qu'étant trop malheureux, et n'ayant aucun espoir de cesser de l'être, il voulait le lendemain aller se jeter dans la Néva. Le soir même, il distribua à tous les gens de la maison, l'argent et le peu d'effets qui lui appartenaient. Le jour d'ensuite, vingt-huit juin, jour de la sainte Irène, patrone de la princesse, il alla, de bon matin, se confesser; se dirigea ensuite vers la Néva, où il fut aperçu par deux bateliers ; mais il paraît qu'avant d'exécuter son dessein, il voulut encore une fois revoir sa maîtresse ; et il retourna sur les dix heures à l'hôtel.

CATHERINE.

Achevez.

POTEMKIN.

Le majordome, en le voyant, le gronda

de son absence, de sa paresse, et le mit de service à la porte de la chambre de bain, où était la princesse. Il paraît alors que ce misérable, profitant d'un moment où les femmes de chambre venaient de sortir, se rendit coupable de l'attentat pour lequel la cour suprême vient de le condamner à mort.

CATHERINE.

Et ce crime est bien prouvé ?

POTEMKIN.

Il ne peut y avoir de doute, puisque lui-même en convient et reconnaît que son châtiment est juste. Vous pouvez voir sa déposition consignée dans cet arrêt qui n'attend plus que votre signature.

CATHERINE, *jetant la plume*.

Je ne la donnerai pas.

POTEMKIN.

Y pensez-vous?

CATHERINE

Oui, certainement. Cet homme est plus malheureux que coupable. Je vois là-dedans beaucoup de circonstances atténuantes. Rien de sa part n'était prémédité ; et si jamais, selon moi, il y a eu un cas graciable, c'est celui-là.

POTEMKIN.

Votre Majesté ne parle pas sérieusement?

CATHERINE, *vivement,*

Si, monsieur. Je suis maîtresse, j'espère, de commuer l'arrêt. Si vous aviez lu le traité *des délits et des peines* que j'ai traduit de Beccaria, vous verriez qu'il faut encore quelque proportion et quelque rapport entre l'offense et le châtiment. Quel est son crime, à ce garçon? un caractère trop impétueux, trop ardent, trop brûlant. Hé bien! qu'on l'envoie en Sibérie, et qu'on ne m'en parle plus.

POTEMKIN.

Mais la famille Waronska est puissante et considérée. Ils vont tous jeter les hauts cris ; la princesse se plaindra.

CATHERINE, *s'échauffant.*

Et de quoi? que veut-elle de plus? elle est bien exigeante. Le crime est puni, la vertu récompensée ; la sienne est reconnue, constatée par un jugement authentique. Je connais d'ailleurs son amour-propre, qui égale au moins sa pruderie ; et si l'orgueil du nom fait bruit d'un tel outrage, soyez sûr qu'au fond du cœur, sa vanité s'en réjouit.

POTEMKIN.

Et en quoi?

CATHERINE, *avec impatience.*

En quoi?.. Vous ne comprenez rien. Croyez-vous qu'elle ne soit pas fière d'avoir inspiré un tel amour? une passion si grande, si excessive, qu'elle devient du délire, du fanatisme, et ne compte plus la vie pour rien. Je connais des femmes, qui à coup sûr valent mieux qu'elle, qui ont plus de beauté, de talens, de mérite, et qui ne sont pas si heureuses, qui n'ont jamais été aimées ainsi.

POTEMKIN.

Ah! madame...

CATHERINE.

Je ne dis pas cela pour moi. Mais enfin

vous prétendiez tout à l'heure que rien n'égalait ma puissance; va-t-elle jusqu'à faire naître de pareils sentimens? non sans doute. Elle n'est donc pas illimitée; elle a donc des bornes, ce qui est toujours humiliant à s'avouer.

POTEMKIN.

Est-il possible?

CATHERINE.

Oui, monsieur, c'est un fait. Vous m'attestiez dans l'instant encore que je n'avais qu'à commander, qu'à désirer... propos ordinaire des courtisans. Eh bien! voilà cependant un désir, un vœu impossible à réaliser; et ce qui pourrait arriver à la dernière femme de mes états ne m'arrivera pas à moi... Pourquoi? parce que je suis impératrice. C'est donc une exception, une exclusion formelle que je dois à mon rang, à ma dignité. Et on me vantera encore les prérogatives et les avantages de la grandeur ! Tenez, je déteste la cour, la flatterie, l'adulation dont on m'entoure, et je suis bien malheureuse.

POTEMKIN, *à part.*

Je ne m'attendais pas à celui-là. (*haut*). Comment, madame, c'est là le chagrin qui préoccupait Votre Majesté ?

CATHERINE, *avec emportement.*

Eh bien ! monsieur, puisque vous m'avez forcée à en convenir... cette idée là depuis hier me poursuit et me fâche, Vous me direz que c'est de la susceptibilité : cela se peut; mais cela est ainsi, et que ce secret que je vous confie ne sorte jamais de votre sein, où sinon...

POTEMKIN.

N'en ai-je pas conservé fidèlement de plus

sacrés et de plus importans encore, si c'est possible? mais après tout, on a vu tant de choses si extraordinaires. Il ne faut désespérer de rien : tout peut arriver.

CATHERINE.

Tout m'arrive dans le monde, excepté cela; et voilà justement ce qui m'irrite, ce qui cause mon dépit; car plus j'y songe...

POTEMKIN.

Et pourquoi y songer? Au lieu de s'occuper d'une pareille idée, je chercherais plutôt à l'éloigner. Votre Majesté peut trouver, non pas tout à fait dans ce genre là, mais à peu près, tant de distractions, tant d'autres plaisirs.

CATHERINE.

Aucun, monsieur, aucun. Caprice, fantaisie, bizarrerie, si vous voulez; il n'y a que celui-là qui me plaise, qui sourie à mon ambition, précisément parce que c'est impossible; et puisqu'il est dit qu'ici-bas, au sein même du bonheur, on doit éternellement désirer quelque chose, ce sera toujours mon rêve, ma chimère, mon idée fixe : Cela et Constantinople.

POTEMKIN, *vivement*.

Constantinople vaut mieux; et si Votre Majesté veut en croire mes conseils, si, revenant à des objets sérieux, elle me permet de lui rappeler encore l'organisation de la Crimée, c'est de ses ports que sortiront les flottes qui vous conduiront à Byzance. Je ne vous demande pour cela que trois ans; que pendant trois ans je commande dans ces riches contrées...

CATHERINE.

Non, je vous l'ai dit.

POTEMKIN.

Et quelles raisons ?

CATHERINE.

Jamais; et puisque ce gouvernement vous plait tant, puisque c'est là l'objet de vos vœux... Et vous aussi vous desirerez quelque chose... vous ne l'aurez pas.

POTEMKIN.

Mais, madame...

CATHERINE.

Qu'on me laisse. Je retourne à l'ermitage, dans mon cabinet. J'y resterai seule toute la journée; qu'on ne m'y dérange point; que personne ne s'y présente, pas même vous. Je suis mécontente, très mécontente. Adieu, prince Potemkin, adieu. (*elle sort.*)

POTEMKIN, *resté seul la regarde sortir et se jette avec colère sur un fauteuil.*

Inconcevable! inouie! Voilà de toutes les fantaisies impériales la plus curieuse que j'aie encore vue, et j'en rirais comme un fou si je n'étais furieux. (*Ramassant les papiers épars sur la table et se promenant d'un air agité*). Elle le veut comme tout ce qu'elle veut, comme souveraine absolue, comme autocrate et comme femme! et la voilà inabordable et de mauvaise humeur pour huit jours, pour quinze jours, jusqu'à ce qu'une autre fantaisie ait remplacé celle-ci; fantaisie aussi absurde peut-être, mais qui du moins, je l'espère, sera possible; car quelque adroit, quelque habile courtisan que l'on soit, il n'y a pas moyen, cette fois, de lui donner satisfaction, et c'est de là pourtant que dépend mon gouvernement de la Crimée, l'accomplissement de mes desseins, et qui sait? la gloire de Catherine et la prospérité de l'empire. (*Mettant sa tête dans ses mains.*) Profonds politiques, savans diplomates, méditez, desséchez les fibres de votre cerveau, prévoyez tous les obstacles, pour voir toutes vos combinaisons dérangées par un hasard, par un caprice de femme! (*levant la tête*). Qui vient là?

(Il lève les yeux et voit Mouravieff qui est entré sans qu'il l'ait entendu, et qui est debout immobile auprès de lui.)

MOURAVIEFF.

C'est moi, général.

POTEMKIN.

Encore toi? qui t'amène?

MOURAVIEFF.

Vous m'avez dit de revenir dans deux heures pour mon congé.

POTEMKIN.

C'est vrai ! je n'ai pas eu le temps d'y penser ; va-t-en au diable.

(Mouravieff porte la main à son bonnet, fait un demi tour à droite et va pour sortir.)

Eh bien! où vas-tu ? reviens ici.

(Mouravieff fait un demi-tour à gauche, deux pas en avant, et reste immobile comme sous les armes, en attendant le commandement. Potemkin assis, et le coude appuyé sur le bras du fauteuil, le regarde en silence et l'examine de la tête aux pieds.)

C'est pourtant avec cela que l'on gagne des empires et que l'on fonde des dynasties! Et le sang épais qui coule dans ses veines serait le même que celui d'un noble ou d'un prince! Non, quoiqu'en disent les philosophes de France, nous ne sommes pas pétris du même limon. Je suis leur seigneur et maître par le fait, par le droit et par la pensée, qui soumet ces machines vivantes, et les force, comme mon cheval de bataille ou comme mon mousquet, à obéir au mouvement que ma main leur imprime, ou que ma volonté leur donne. *(A Mouravieff, et comme pour essayer son pouvoir sur lui).* En avant — marche. — Halte-là.

(Mouravieff marche ou s'arrête au commandement.)

POTEMKIN, *regardant toujours et continuant à réfléchir.*

Immobile image de l'obéissance passive, on peut tout lui prescrire. Avec de tels soldats on peut tout entreprendre, tout oser. Oui, j'oserai. *(haut).* Écoute ici : où étais-tu en garnison ?

MOURAVIEFF.

A Smolensk.

POTEMKIN.

Es-tu venu à Saint-Pétersbourg?

MOURAVIEFF,

Jamais.

POTEMKIN.

C'est bien? *(Se levant).* Fais attention à la consigne que je vais te donner, et n'y manque en aucun point; où sinon, tu me connais... tu sais que Potemkin n'a jamais menacé en vain.

MOURAVIEFF.

Oui, général.

POTEMKIN, *montrant la porte secrète par laquelle est sortie l'impératrice.*

Tu vas passer par cette porte.

MOURAVIEFF.

Oui, général.

POTEMKIN.

Au bout d'un long corridor, tu trouveras un factionnaire qui te dira : halte-là !

MOURAVIEFF.

Oui, général.

POTEMKIN.

Tu répondras par ces trois mots d'ordre : *Courage, Cosaque et Constantinople.*

MOURAVIEFF.

Oui, général.

POTEMKIN.

Répète-les.

MOURAVIEFF, *hésitant.*

Courage, Cosaque et Constantinople.

POTEMKIN.

A merveille! il est plus fort en intelligence que je ne croyais. — Il te laissera passer; tu te trouveras dans une immense galerie où il y a des livres, des statues des tableaux; tu la traverseras sans rien regarder.

MOURAVIEFF.

Oui, général.

POTEMKIN.

Et tout à l'extrémité de cette galerie est

une petite porte en bronze dont voici la clé.
Prends-la.

MOURAVIEFF.

Oui, général.

POTEMKIN.

Tu l'ouvriras; tu entreras, tu refermeras sur toi deux verroux en cuivre doré qui sont en dedans.

MOURAVIEFF.

Oui, général.

POTEMKIN.

Tu trouveras dans ce cabinet une femme en robe de velours nacarat, avec cinq gros diamans dans les cheveux. Elle sera assise devant une table, occupée à travailler ou couchée sur un sofa.

MOURAVIEFF.

Oui, général.

POTEMKIN.

Elle te demandera qui tu es, d'où tu viens? tu ne répondras pas; et qu'elle y consente ou non, il faut qu'elle soit à toi, qu'elle t'appartienne.

MOURAVIEFF, *étonné*.

Comment, général?

POTEMKIN.

C'est la consigne! Et elle aura beau sonner ou appeler, ta consigne avant tout.

MOURAVIEFF.

Oui, général.

POTEMKIN.

Et si tu y manquais, demain le knout.

MOURAVIEFF.

Oui, général.

POTEMKIN.

Ce soir, ton congé et cinquante roubles; entends-tu ?

MOURAVIEFF.

J'entends.

POTEMKIN.

Attention! Fixe.— Pas accéléré, marche.

(Mouravieff sort au pas accéléré par la petite porte à droite. Potemkin sort par le fond et dit en riant.

Dieu protège la Russie et l'impératrice!

Le soir du même jour à dix heures. — Un salon de
l'ermitage magnifiquement éclairé. Toute la cour
est assemblée.

(Les ambassadeurs de Prusse et d'Angleterre causent avec
la comtesse Branitzka et d'autres dames. L'impératrice
est assise sur un divan, près de la cheminée ; sa tête est
appuyée sur sa main. — A côté d'elle est un jeune homme
de vingt-cinq ans, d'une figure charmante, le comte
Momonoff, qui ne dit rien et compte les rosaces du
plafond. Le prince de Ligne est debout, tournant le dos
au feu, et parle avec vivacité à Catherine, qui l'écoute
d'un air distrait et comme absorbée par ses réflexions.—
Paraît Potemkin en uniforme très brillant : il porte le
grand-cordon de l'ordre militaire de Saint-Georges,
d'autres ordres de l'empire, et le portrait de Catherine
étincelant de diamans ; il entre la tête haute, adresse à
la comtesse Branitzka un sourire d'amitié, fait de la
main un geste de protection au comte Momonoff, et
salue les ministres et les ambassadeurs. Il s'avance près
de l'impératrice, devant laquelle il s'incline en souriant
et sans parler.

CATHERINE.

Eh ! mon Dieu, prince Potemkin, d'où
vient cet air de triomphe et de contente-
ment.

POTEMKIN.

Mon auguste souveraine est-elle satisfaite de sa journée ?

CATHERINE, *le regardant d'un air étonné.*

Que voulez-vous dire ?

POTEMKIN, *appuyant sur ses mots.*

J'espère que Votre Majesté n'a plus de *vœu* à former !

CATHERINE.

Comment cela !

POTEMKIN, *avec galanterie.*

Il ne dépendra jamais de moi, du moins que tous ses désirs ne soient prévenus.

CATHERINE, *riant en rougissant.*

Eh quoi! cela venait de vous!!... J'aurais dû m'en douter. Il n'y a au monde que le prince Potemkin pour des surprises pareilles.

LE PRINCE DE LIGNE.

Qu'est-ce donc ?

LA COMTESSE BRANITZKA, *regardant son oncle.*

Quelque flatterie sans doute !

CATHERINE.

Précisément ! une galanterie d'une originalité et d'une délicatesse dont personne n'aurait eu l'idée!

LE PRINCE DE LIGNE, *montrant Potemkin.*

Il est bien heureux !

POTEMKIN, *souriant.*

Ce n'est pas moi qui l'ai été le plus.

MOMONOFF, *naïvement.*

Comment cela?

CATHERINE, *riant.*

Oh! vous, comte Momonoff, vous ne pouvez le savoir. Je regrette seulement de ne pas le dire au prince de Ligne; j'en suis désolée, mais, en verité, c'est impossible.

LE PRINCE DE LIGNE.

Impossible! c'est un mot que je croyais rayé du dictionnaire russe, depuis que Catherine est sur le trône.

CATHERINE.

D'aujourd'hui, en effet, je commence à le

croire; je n'ai qu'à parler pour être obéie! — Prince Potemkin, avant notre partie de wisth, je veux vous annoncer ce soir, et devant ces messieurs, que nous vous avons nommé au gouvernement général de la Crimée.

POTEMKIN, *s'inclinant.*

Ah! madame!

LA COMTESSE BRANITZKA, *bas à son oncle.*

Ambitieux que vous êtes, vous voilà heureux!

POTEMKIN, *à part.*

Ce n'est pas sans peine! jamais province n'a été plus difficile à conquérir.

CATHERINE, *à Potemkin.*

Approchez, prince, j'ai à vous parler.

(*Faisant signe aux autres personnes de s'éloigner*) Messieurs, de grâce un instant.

LE PRINCE DE LIGNE.

Elle veut lui donner des instructions pour l'organisation de la Crimée.

L'AMBASSADEUR D'ANGLETERRE, *avec assurance*.

Ou plutôt elle lui dicte la réponse à ma note de ce matin.

MOMONOFF, *timidement*.

Je crois qu'elle lui fait part d'un plan de campagne contre la France, qu'elle est décidée à combattre.

LE PRINCE DE LIGNE.

Quelle femme étonnante! quel génie!

L'AMBASSADEUR DE PRUSSE.

Quelle profondeur!

LE COMTE MOMONOFF, *avec candeur.*

C'est prodigieux!

POTEMKIN, *riant et continuant la conversation.*

Votre Majesté a donc été bien étonnée de voir ainsi ses souhaits réalisés?

CATHERINE, *avec embarras.*

Mais, réalisés... jusqu'à un certain point.

POTEMKIN, *sévèrement.*

Est-ce que mes ordres n'auraient pas été rigoureusement exécutés? est-ce qu'il aurait osé manquer à la consigne que je lui avais donnée?

CATHERINE, *vivement*.

Non pas! non pas! Le pauvre garçon! il n'y a pas de sa faute, mais de la mienne peut-être.

POTEMKIN.

Comment cela?

CATHERINE.

Oh! c'est que d'abord j'étais furieuse, mais en le voyant braver mes menaces et ma colère avec tant d'audace et d'intrépidité... car il n'y a vraiment que le soldat russe pour un sang-froid pareil. Et l'on est fière de commander à de tels hommes.

POTEMKIN

Eh bien?

CATHERINE, *avec embarras et cherchant ses expressions.*

Eh bien ! il m'a intéressé malgré moi ; mon courroux s'est dissipé. Enfin... que vous dirais-je ? je crois vraiment que mon vœu est encore à se réaliser.

POTEMKIN, *riant.*

Je vois alors et quoiqu'on ose tenter, que la majesté royale est décidément.... inviolable !!

FIN.

LE TÊTE-A-TÊTE.

LE TÊTE-A-TÊTE

ou

TRENTE LIEUES EN POSTE.

La grande route de Paris entre le village de Conflans et celui des Carrières. Une calèche de voyage attelée de deux chevaux est arrêtée près d'une madone qui est au bord du chemin. — Le postillon est à cheval et siffle un petit air. Un jeune homme habillé dans le dernier goût, et enveloppé d'un manteau, se promène sur la grande route, et regarde tantôt à sa montre et tantôt du coté de Paris.

EDMOND.

Je ne vois rien ! elle ne vient pas ! (*avec impatience*) elle ne viendra pas ! Postillon, quelle heure est-il ?

LE POSTILLON.

Cinq heures viennent de sonner à Conflans.

EDMOND.

Il n'est encore que cela! attendons. Je ne puis rester en place. (*Il se promène en long et en large sur la grande route.*) J'ai beau marcher à grands pas, l'aiguille n'en va pas plus vîte, et comment tuer le temps? (*S'arrêtant près de la calèche.*) Postillon, quel est ce beau château dont le parc s'étend jusqu'ici ?

LE POSTILLON.

Le château de Bercy, qui appartient à M. de Nicolaï.

EDMOND.

Et ce grand bâtiment non loin de la rivière?

LE POSTILLON.

La maison de campagne de l'archevêque, et à côté le séminaire. Ils sont là une bande de malins, des espiègles qui s'en donnent joliment.

EDMOND.

Qui ? les séminaristes ?... Tu connais cela ?

LE POSTILLON.

Je crois bien, il y en a partout, et heureusement, car toutes les routes qui conduisent chez eux sont toujours soignées et réparées ; il n'y a pas à craindre que l'ingénieur du département s'avise de les négliger ; ce qui est bien propice tout de même pour les chevaux de poste.

EDMOND.

Certainement.

LE POSTILLON.

Dans celui-ci... le séminaire de Conflans...
J'y ai une connaissance, le neveu à Jean-
Louis le grainetier, qui vient d'y entrer. Logé,
nourri et rien à faire... c'est un meilleur état
que celui de postillon.

EDMOND, *sans l'écouter et regardant sa montre.*

Je n'y conçois rien, il faut que ma montre
soit arrêtée... Postillon quelle heure est-il?

LE POSTILLON.

Parbleu ! v'là trois fois que vous me le demandez... le quart sonne, et tenez, v'là les
corbeaux qui sortent... C'est le séminaire qui
se rend à matines ou à quelque chose comme
ça. (*Parlant à son cheval.*) Ohé ! ohé ! petit
gris..., sacredié, veux-tu te tenir ?... il a toujours peur quand il les voit. Otez donc vot'
chapeau, not' bourgeois.

EDMOND.

Et pourquoi donc?... devant le neveu à Jean-Louis le grainetier?

LE POSTILLON.

C'est égal, je l'y ôte toujours. Hein! en v'là-t'il?... sont-ils gros et gras! tous jeunes gens! quels beaux soldats ça aurait fait pour Alger.

EDMOND, *regardant du côté de Paris.*

Je crois que j'aperçois un fiacre..... oui, vraiment. Dieu! qu'il va lentement.

LE POSTILLON.

C'est son état, comme le nôtre est de courir la poste : chacun le sien. Mais dites donc monsieur, est-ce que vous comptez que je vais rester ici en faction jusqu'à ce soir ?

EDMOND.

Je t'ai dit que je te paierais une poste de plus.

LE POSTILLON.

C'est différent.

EDMOND.

Le fiacre approche... je ne me trompe pas... je l'ai aperçue ; c'est elle. (*Courant au-devant de la voiture qu'il va ouvrir.*) Mathilde, Mathilde, c'est bien vous ? (*L'aidant à descendre.*) Ne craignez rien, ne tremblez pas ainsi.

MATHILDE.

Soutenez-moi, je n'ai pas la force de marcher.

EDMOND.

Quelle pâleur ! qu'avez-vous ?

MATHILDE.

Je me sens mourir. (*Apercevant la Madone qui est au bord de la route.*) Mon Dieu! mon Dieu! protégez-moi. Edmond, je suis venue parce que je vous l'avais promis, et pour ne pas manquer à ma parole... maintenant laissez-moi retourner à Paris.

EDMOND.

Renoncer à vous! Jamais.

MATHILDE.

J'ai mal fait, le ciel m'en punira ; je ne dois pas vous suivre.

EDMOND.

Et comment faire maintenant? Comment pourriez-vous rentrer à l'hôtel? Le sort en est jeté; fiez-vous à moi et à mon amour. Ma calèche est là qui nous attend, et dans quelques heures nous serons à l'abri des poursuites.

MATHILDE.

Vous croyez donc qu'on peut nous poursuivre, que quelque danger nous menace.

EDMOND.

Moi, du moins.

MATHILDE.

Ah! venez alors, venez ; plutôt me perdre que de vous exposer.

EDMOND.

Combien je suis heureux! (*Il la soutient jusqu'à la calèche, l'aide à y monter, s'y élance après elle.*) Postillon, partez!

LE POSTILLON.

Oui, monsieur. (*A son cheval.*) En route, p'tit gris !
> (Il fait claquer son fouet, la calèche part au grand galop. Mathilde, la tête cachée dans son mouchoir, reste quelque temps sans rien dire.)

EDMOND.

Mathilde, vous êtes à moi, rien ne peut plus nous séparer ! Pourquoi pleurer ainsi ? vous n'êtes pas raisonnable.

MATHILDE.

Jamais mon père ne me pardonnera.

EDMOND.

Et pourquoi donc ? il est si bon, il vous aime ; et quand nous serons arrivés en Italie, quand nous y serons mariés, il oubliera tout. Je n'ai pas son immense fortune, il est vrai :

mais j'ai un nom, de la naissance, et j'ai tant d'amour pour vous.

MATHILDE.

Ah ! sans cela, Edmond, croyez-vous que jamais j'aurais pu me décider à une pareille démarche ?

EDMOND.

Il le fallait, ou vous m'étiez ravie. Votre tante vous entraînait loin de la capitale, dans sa terre près de Lyon, et là sans doute un autre mariage...

MATHILDE.

Jamais je n'y aurais consenti. Vous ne me connaissez pas ; je n'ai que seize ans, mais j'ai du caractère ; et les sermens que j'ai faits, je les tiendrai jusqu'au tombeau.

EDMOND.

C'est comme moi : vivre et mourir avec vous !

MATHILDE, *avec exaltation.*

Toujours, n'est-il pas vrai?

EDMOND.

Toujours.

LE POSTILLON, *s'arrêtant, faisant claquer son fouet.*

Ohé! ohé! deux chevaux et les harnais. (*Descendant de cheval.*) J'espère mon bourgeois, que je vous ai mené bon train.

MATHILDE.

Où sommes-nous?

LE POSTILLON.

A Charenton... La première poste. (*Otant son chapeau.*) Vous savez, mon bourgeois, qu'il y a poste royale.

EDMOND.

Certainement. Voilà pour toi, et dis qu'on se dépêche.

LE POSTILLON.

Diable! cent sous de guides... Le bourgeois est généreux.

EDMOND, *à demi-voix.*

Et sois discret.

LE POSTILLON.

Oui, monseigneur. (*A l'autre postillon qui met ses bottes.*) Allons, Théophile, allons feignant, un peu d'intensité! (*A demi-voix.*) C'est un prince étranger qui enlève la fille d'un banquier.

DEUXIÈME POSTILLON.

Vraiment ?

PREMIER POSTILLON.

Cent sous de guides.

DEUXIÈME POSTILLON:

Faut qu'il soit bien amoureux. (*Montant à cheval.*) En route !

EDMOND.

J'aurai peur, tant que nous serons dans les environs de Paris. Heureusement il est de bon matin... à peine six heures... Postillon, quel est le village où nous entrons ?

LE POSTILLON, *toujours trottant.*

Le village de Maisons.

EDMOND.

Enchanté de faire sa connaissance ! (*A Mathilde.*) Y êtes-vous jamais venue ?

MATHILDE.

Une fois ou deux.

EDMOND.

Il n'en finit pas! enfin nous en voilà dehors. Regardez donc à gauche, au bord de la route, un château de belle apparence. Postillon, à qui appartient-il, à quelque fournisseur.

LE POSTILLON.

Au contraire, monseigneur, c'est à de braves et honnêtes gens, à un ancien magistrat.

MATHILDE, *se retirant au fond de la voiture.*

Je sais qui c'est.

EDMOND.

Vous connaissez?

MATHILDE.

Non, mais j'en ai entendu parler... C'est l'honneur, la vertu même... Prenez garde qu'ils ne m'aperçoivent.

EDMOND.

N'ayez pas peur, je ne vois personne sur cette immense et belle terrasse, superbe allée, parc très bien tenu... Nous voilà dans la plaine ; allons, postillon ?

(Le postillon lance ses chevaux au galop, et la voiture roule rapidement sur un chemin superbe et par un beau soleil d'octobre.)

Maintenant, ma chère Mathilde, que vous voilà un peu rassurée, dites-moi comment vous avez pu sortir de votre pensionnat et de chez votre père ? car je n'osais l'espérer, et je ne le conçois pas encore.

MATHILDE.

Oh ! j'en ai bien long à vous dire, car jamais nous n'avons pu parler plus de cinq minutes, et si mon bavardage de petite fille ne vous ennuie pas...

EDMOND.

Comment donc ?

MATHILDE.

D'abord mon premier malheur est d'avoir perdu ma mère lorsque j'étais encore enfant. Mon père, qui était négociant à Lyon et qui y demeurait avec sa sœur et toute sa famille, vint, contre l'avis de ma tante, s'établir à Paris, exprès pour me donner une brillante éducation, et puis aussi pour faire des affaires. Dans ce dernier dessein du moins il a réussi, car il est devenu très riche, à ce qu'on dit.

EDMOND.

Je le crois bien ! un des premiers capitalistes de France.

MATHILDE.

Quant à moi, qu'il avait placée dans un beau pensionnat, il venait rarement me voir, et ne me faisait presque jamais sortir ; aussi je m'ennuyais beaucoup. Heureusement, je m'étais liée avec Corinne d'Esparville, une jeune comtesse qui devint mon amie intime; elle était plus grande et plus âgée que moi, elle me donnait des conseils... Nous ne nous quittions pas. Nous avions trouvé une clef de la bibliothèque de madame.

EDMOND.

Qu'est-ce que madame ?

MATHILDE.

Notre maîtresse de pension... On ne l'appelle jamais que comme cela... C'est connu.

EDMOND.

Je vous demande pardon.

MATHILDE.

Dans cette bibliothèque il y avait des livres si amusans! Puisque madame les avait, nous pouvions bien les lire! Aussi c'était notre seul plaisir. Nous les emportions dans notre chambre; il y en a que j'ai relus bien des fois.

EDMOND.

Et lesquels?

MATHILDE.

La Nouvelle Héloïse et *Amélie Mansfield*. Oh! que j'ai aimé Ernest de Woldemar!

EDMOND.

Que dites-vous?

MATHILDE.

Ce fut ma première inclination; j'y pensais

le jour, et la nuit j'en rêvais. Je me disais : quel bonheur d'être aimé de lui ! fortune, famille, avenir, il me semblait que pour lui j'aurais tout sacrifié. J'avais même fait son portrait ; je me le représentais vaillant, noble, généreux... un sourire tendre et mélancolique, des yeux bleus et des cheveux noirs. et lorsqu'au bal de la distribution des prix vous êtes venu m'inviter à danser... Vous rappelez-vous mon trouble et mon agitation ?

EDMOND.

Oui, vraiment.

MATHILDE.

C'est que j'ai trouvé que vous lui ressembliez.

EDMOND.

Est-il possible ?

MATHILDE.

Oh! mon Dieu oui, et depuis ce temps-là j'ai pensé à vous et je n'ai plus pensé à lui, bien malgré moi ; car cela me faisait de la peine de lui être infidèle. Aussi mon cœur serait peut-être revenu, sans Corinne, à qui vous devez bien de la reconnaissance. Elle me parlait toujours de vous : elle me disait : « Il est « impossible qu'avec une physionomie pa- « reille on ne soit pas aimable, brave, spiri- « tuel, et puis il est baron, j'en suis sûre. » Est-ce bien vrai ?

EDMOND.

Oui sans doute?

MATHILDE.

Que vous dirais-je enfin ? A tous les exercices de la pension, vous étiez là. Quand par hasard je sortais avec mon père, dans toutes les maisons où nous allions, je vous rencontrais. Et cette lettre que vous m'avez remise en me donnant la main, je ne voulais pas la recevoir, je ne voulais pas la lire ; c'est Corinne qui l'a lue la première, et moi après, bien des fois ! Dans la solitude et le silence, ne m'occupant que de vous, votre image s'est peu à peu gravée dans mon cœur. Et voilà, monsieur, comment sans vous voir, et presque sans vous connaître, je vous ai aimé tout-à-fait.

EDMOND.

Chère Mathilde!...

MATHILDE.

Alors... Il y a à peu près quinze jours, madame de Bussières, ma tante, est arrivée de Lyon, pour passer quelques jours à Paris ; et mon père est venu me voir. « Mathilde, m'a-
« t-il dit, tu as seize ans, tu ne peux rester
« en pension. D'un autre côté, je veux entre-
« prendre pour mes affaires un voyage en

« Allemagne, où tu ne peux m'accompagner;
« tu partiras avec ta tante... elle veut bien
« t'emmener avec elle dans une terre magni-
« fique qu'elle a aux environs de Lyon... Tu
« seras là en famille, avec ses enfans, et je
« désire que, parmi tes cousins, qu'on dit
« fort aimables, il s'en trouve un qui par-
« vienne à te plaire, et qu'un jour je puisse
« nommer mon gendre. »

EDMOND.

Quand je le disais !

MATHILDE.

Que pouvais-je faire, sinon vous donner
avis du danger qui me menaçait? C'est alors
que vous avez mis en avant ce projet de fuite
en Italie dont je ne voulus pas entendre parler; mais Corinne qui est plus raisonnable que
moi, prétendait qu'il n'y avait pas d'autre
moyen, que c'était tout naturel, que toutes
les jeunes personnes tyrannisées agissaient

ainsi, et qu'elle avait deux cousines en Angleterre qui ne s'étaient pas mariées autrement. D'un autre côté, la crainte de ne plus vous voir, de quitter Paris, de m'ensevelir dans le fond d'une province... Enfin elle m'a décidée. Mais il restait à exécuter ce grand projet, et voici comment nous nous y sommes prises.

EDMOND.

Voyons cela.

MATHILDE.

Mon père devait partir hier, le 5, pour l'Allemagne, et ma tante aujourd'hui, le 6, pour Lyon ; je vous l'avais écrit.

EDMOND.

La seule lettre que j'aie de vous. Elle est là sur mon cœur.

MATHILDE.

Et vous m'avez répondu que vous m'attendiez ce matin hors de la barrière de Paris, près de Conflans, avec une voiture de poste. Alors, d'après le conseil de Corinne, j'ai demandé à sortir de ma pension pour faire mes adieux à mon père et ensuite à passer la nuit à l'hôtel, pour être prête à partir de bonne heure avec madame de Bussières.

EDMOND.

Y pensez vous ?

MATHILDE.

Attendez donc. Dès que mon père, hier soir, a eu quitté Paris, j'ai écrit à ma tante que nous avions changé d'idée, que décidément je ne pouvais me séparer de mon père, qu'il m'emmenait avec lui, et qu'elle eut à partir seule ce matin.

EDMOND.

A merveille ! votre tante vous croit avec

votre père, et votre père vous croit avec votre tante, de sorte que d'ici à long-temps la ruse ne se découvrira pas. Pour de petites pensionnaires, cela n'est pas trop mal arrangé.

MATHILDE.

N'est-ce pas? Corinne a tant d'esprit! mais moi, j'ai été bien des fois sur le point de renoncer à ce projet. Hier surtout, quand mon père m'a embrassée, j'ai fondu en larmes, j'ai manqué tout lui avouer, mais ce qui m'a retenue...

EDMOND.

C'est votre amour.

MATHILDE.

Oui, et puis la crainte que Corinne ne se moquât de moi, sans cela... C'est si mal de les tromper ainsi! ma tante qui m'a toujours aimée, qui voulait m'élever, me servir de seconde mère ; et mon père qui s'éloigne, que, peut-être, je ne verrai plus!... Mon Dieu! que ce postillon va vîte.

EDMOND.

Rassurez-vous... nous voici au relais!... Où sommes-nous ici ?

LE POSTILLON.

A Villeneuve-Saint-Georges. (*Appelant un autre postillon.*) Allons, Joli-Cœur, à cheval! (*S'approchant d'Edmond et ôtant son chapeau.*) Si monseigneur veut régler le compte.

EDMOND, *lui donnant de l'argent.*

Tiens, et qu'on se dépêche.

LE POSTILLON.

Soyez tranquille. (*Bas à son camarade.*) Ne perds pas de temps ; ce sont des amoureux...

(*Montrant deux pièces de cinq francs.*) Et les roues sont bonnes.

LE POSTILLON.

C'est dit... (*Faisant claquer son fouet.*) En avant... (*Chantant à tue tête.*)

Et vogue la nacelle
Qui porte mes amours !...

(La calèche part au grand trot sur le pavé de Villeneuve-Saint-Georges.

EDMOND.

Dieu! quels cahots!... postillon, pas si vite... tu vas briser la voiture.

LE POSTILLON.

Ce n'est rien... Le pavé est comme ça, jusqu'à l'ancienne maison de M. Boïeldieu. A dater de là ce n'est plus qu'une roulade.

MATHILDE.

Ah! Boïeldieu a demeuré ici ?

LE POSTILLON.

Oui, madame. Après le pont, la grille à droite... une jolie maison. J'ai été domestique chez lui; et c'est là que j'ai pris le goût de l'Opéra-Comique. (*Chantant à pleine voix.*)

> Lorsque mon maître est en voyage,
> Ah! c'est superbe en vérité.

EDMOND.

C'est bien; mais tais-toi, car tu es cause que tout le monde nous regarde.

LE POSTILLON, *chantant toujours*.

> La dame blanche vous regarde,
> La dame blanche vous entend.

EDMOND.

Impossible de lui imposer silence. Heureusement nous voilà sur la grande route.

MATHILDE.

Que cet air pur, ce beau soleil me font de bien! regardez donc, au-dessous de nous quelle jolie vallée! quelle belle verdure.

EDMOND.

J'ai vu au Diorama quelque chose dans ce genre là. Un vallée de Daguère ou de Bouton, je ne sais plus laquelle.

MATHILDE.

Qu'il serait doux de passer ici sa vie!... Postillon quel est cet endroit?

LE POSTILLON.

Montgeron, où nous allons arriver.

MATHILDE.

Non; ce bas fonds, à gauche.

LE POSTILLON.

C'est Crosne, et la rivière d'Yères.

MATHILDE.

Edmond, est-ce que ces rians ombrages, cette belle nature, ne vous disent rien?

EDMOND.

Pardon, je ne regardais pas. Je tiens peu à la nature, je ne tiens qu'à vous.

LE POSTILLION, *chantant.*

Et toujours la nature
Embellit la beauté.

EDMOND

Te tairas-tu?... Impossible de me faire entendre... Le voilà au galop dans la rue de Montgeron.

MATHILDE.

Grâce au ciel, nous en sommes dehors! quels sont ces arbres que j'aperçois de loin?

LE POSTILLON.

A gauche, la propriété du général Dupont-Chaumont, et devant vous, la forêt de Sénart.

EDMOND.

Ah! c'est là la forêt de Sénart!

MATHILDE.

Vous ne la connaissez pas?

EDMOND.

Moi, je n'ai jamais voyagé; et, en fait de forêts, je n'ai jamais été plus loin que les bois de Meudon. Aurez-vous peur, Mathilde?

MATHILDE, *avec tendresse.*

Non... Je serai avec vous.

EDMOND.

Et s'il y a des brigands?

MATHILDE, *avec exaltation.*

Je le voudrais presque, pour que vous pussiez me défendre.

EDMOND.

Je vous en remercie. Mais la matinée avance ; vous n'avez pas faim ?

MATHILDE.

Non, et vous?

EDMOND.

Cela commence.

MATHILDE, *d'un ton de reproche.*

Quoi ! nous sommes tous les deux près l'un de l'autre, et vous y pensez ?

EDMOND.

Mais oui. Ordinairement je ne déjeûne qu'à onze heures, au café Tortoni : c'est ma seule occupation de la matinée ; mais aujourd'hui j'étais éveillé à cinq heures du matin, ce qui ne m'arrive jamais.

MATHILDE.

Moi, tous les jours.

EDMOND.

Et l'exercice et le grand air donnent de l'appétit. Voyons un peu, sur le livre de poste, où nous pourrons nous arrêter pour déjeûner.

MATHILDE.

Où vous voudrez ; peu m'importe.

EDMOND.

Ce n'est pas indifférent, car, en voyage, je ne connais rien de plus important que le déjeûner, si ce n'est le dîner, et je ne vois d'endroit passable que Melun.

MATHILDE.

Soit.

EDMOND.

Nous y serons sur les dix heures ; nous y resterons jusqu'à onze ; et ce soir, si je calcule bien les distances, nous pourrons, sans vous fatiguer, souper à Sens.

MATHILDE.

A Sens, dites-vous ?

EDMOND.

Oui, à peu près trente lieues de Paris.

MATHILDE.

Ah! mon Dieu!

EDMOND.

Qu'avez-vous donc?

MATHILDE.

Je me souviens que ma tante va à Lyon par Auxerre. Je vous l'avais écrit.

EDMOND.

C'est vrai.

MATHILDE.

Et qu'elle couche toujours à Sens le premier jour.

EDMOND.

En êtes-vous sûre?

MATHILDE.

A l'auberge de l'Écu-de-France. Je ne peux pas en douter, car elle a écrit avant-hier pour y retenir son logement. Elle est donc en ce moment sur la même route que nous.

EDMOND.

C'est cependant celle de l'Italie. On me l'a bien dit.

MATHILDE, *avec impatience.*

Mais c'est aussi celle de Lyon.

EDMOND.

Vous croyez.

MATHILDE.

Certainement.

EDMOND.

Alors c'est qu'il n'y a pas d'autres chemins; ce n'est pas notre faute. N'est-ce pas, postillon? Il n'y a que cette route-ci pour aller en Italie?

LE POSTILLON.

Si, monseigneur, il y en a une par le Bourbonnais, et peut-être d'autres encore.

MATHILDE.

Vous voyez.

EDMOND.

Est-ce que je savais cela?

MATHILDE.

Un homme doit le savoir.

EDMOND.

Vous qui sortez de pension, à la bonne

heure; mais nous autres gens à la mode, pourvu que nous connaissions les allées du bois de Boulogne, c'est tout ce qu'il faut pour conduire en tilbury. Madrid, Bagatelle, le rond de Mortemart et l'allée Fortunée, nous ne sortons pas de là; mais rassurez-vous.

MATHILDE.

Me rassurer... Quand la voiture de ma tante peut rencontrer la nôtre... Quand on peut me reconnaître, me voir avec vous... J'en mourrais de honte.

EDMOND.

Impossible qu'elle nous rencontre. D'abord nous sommes partis de Paris les premiers. Nous avons de l'avance. Je viens de lire les lois de la poste. Une voiture ne peut pas dépasser celle qui la précède; c'est défendu par le réglement.

MATHILDE.

Mais si elle parvenait à nous rejoindre, à marcher près de nous?

EDMOND.

Alors c'est moi qui lui permettrais de passer devant ; et en fermant la calèche, en vous enveloppant dans votre voile, dans votre pelisse, qui voulez-vous qui vous reconnaisse? Qui oserait d'ailleurs, quand je suis là, venir regarder dans ma voiture?

MATHILDE.

Il faut donc que je me rassure.

EDMOND.

Certainement.

MATHILDE.

Je ne demande pas mieux ; car cette idée seule me faisait une peur...

LE POSTILLON *faisant claquer son fouet, et chantant
à tue-tête.*

Sonnez, sonnez, cornemuse et musette !

Nous voici arrivés au relais.
(*Appelant*) ohé ! postillon de malheur...
Deux chevaux de calèche.

L'AUTRE POSTILLON, *attelant.*

Tu es bien heureux d'être gai et de chanter toujours (*Montant à cheval*). Moi, je n'en ai guère envie... Mes pauvres chevaux sont si éreintés, que ça me fend le cœur. (*Leur allongeant un grand coup de fouet*). Hu ! blanchet. (*La calèche part au trot*). Je ne sais comment not' bourgeois a le cœur de faire courir des bêtes qui sont dans cet état-là... Hu ! donc !... (*Second coup de fouet*). Ces maîtres de poste sont si avides, que pour avoir une course de plus... Hu ! donc, Blanchet !... (*Troisième coup de fouet suivi de plusieurs autres*). Tu sens bien que trois francs de guides, c'est gentil, et qu'il faut les gagner.

MATHILDE.

Postillon, quel est ce village où nous venons de relayer?

LE POSTILLON.

Lieusaint.

MATHILDE.

Quoi! nous étions à Lieusaint, dans la forêt de Sénart. C'est l'endroit où Henri IV est venu dîner chez le meunier Michaud.

EDMOND.

Ah! vraiment.

MATHILDE.

N'avez-vous pas vu la *Partie de chasse de Henri IV?*

EDMOND.

Oui, oui... une comédie, aux Français;

mais on ne la donne jamais que les jours de gratis, et je n'y vais pas ces jours-là. N'est-ce pas mademoiselle Mars qui joue la belle Gabrielle ?

MATHILDE.

Gabrielle? non ; elle ne paraît pas dans la pièce.

EDMOND.

Tant pis. Moi, ce que j'aime le mieux dans l'histoire de Henri IV, c'est la belle Gabrielle. Si j'avais vécu de son temps, je l'aurais adorée.

MATHILDE.

Fi! Monsieur.

EDMOND.

Comme vous aimiez Ernest de Waldemar.

MATHILDE.

Quelle différence !

EDMOND.

Elle est toute à votre avantage, je le sais ; car à coup sûr Gabrielle ne vous valait pas... Elle était loin, je le parierais, d'avoir ces yeux si brillans et si expressifs, cette jolie main, et surtout cette taille divine.

MATHILDE.

Monsieur... y pensez-vous ?

EDMOND.

Pourquoi repousser l'amant le plus tendre et le plus respectueux !... N'êtes-vous pas à moi... Toute à moi ?

MATHILDE, *effrayée.*

Non... De grâce, éloignez-vous... Ne soyez pas aussi près de moi... Vous m'avez promis de me conduire en Italie ; et là nous devons être unis. J'ai vos sermens ; les avez-vous déjà oubliés ?

EDMOND.

Non, sans doute... C'est mon désir et mon espoir le plus cher ; mais d'ici-là me refuserez-vous la grâce que je vous demande ?... Mathilde, mon amie... Un seul baiser.

MATHILDE.

Jamais. Quand vous me parlez ainsi, vous me faites peur.

EDMOND.

Eh bien! du moins ne me retirez pas cette main que je presse sur mon cœur.

MATHILDE, *la retirant avec force.*

Non, ce n'est pas là ce que vous m'avez promis, ce que j'espérais de vous ; et si vous ne changez à l'instant de ton et de manière... Je sens que je vous hais, que je vous déteste.

EDMOND.

Pardon, pardon! comment conserver sa

tête et sa raison près d'une femme que l'on adore! l'amour ne doit-il pas excuser les fautes qu'il fait commettre? Mathilde, m'en voulez-vous encore?

MATHILDE.

Je ne sais... Mais restez loin de moi, de l'autre côté de la voiture.

EDMOND.

Vous ne me pardonnez pas!

MATHILDE.

Cela dépendra de vous. Je verrai...

EDMOND.

Quoi! mon amour et ma tendresse...

MATHILDE.

Je ne veux plus entendre ce mot là, et j'exige d'abord que vous ne m'en parliez plus.

EDMOND.

Et de quoi alors vous parler ?

MATHILDE, *avec impatience.*

De ce que vous voudrez... de toute autre chose... Vous est-il donc impossible sans cela d'être aimable?

EDMOND.

Non, sans doute.

MATHILDE.

Eh! bien, soyez-le.

EDMOND, *embarrassé.*

Soyez-le... soyez-le... c'est bien aisé à dire. Encore faut-il un sujet.

MATHILDE, *froidement.*

Ils sont tous à votre disposition. (*Grand moment de silence.*) Eh bien ! Monsieur?

EDMOND.

Eh bien! mademoiselle, je ne sais plus ce que vous me demandiez. Moi, je n'ai pas l'habitude de faire de l'esprit en courant la poste. Et tenez, tenez, voici, grâce au ciel, les clochers de Melun; (*à part.*) Ce n'est pas malheureux.

LE POSTILLON.

Monsieur, va-t-il à la poste ou à l'auberge?

EDMOND.

A l'auberge, et à la meilleure, (*à Mathilde*) n'est-ce pas?

MATHILDE.

Y pensez-vous? nous arrêter ici quand ma tante est peut-être à une lieue de nous, et quand le moindre retard peut nous faire perdre l'avance que nous avons sur elle!

EDMOND, *avec humeur.*

Il faut cependant déjeûner... car enfin ne

pas dormir, ne pas manger, c'est le moyen de se rendre malade.

MATHILDE, *sèchement*.

Peu m'importe!

EDMOND, *se reprenant*.

Ce que j'en dis, c'est pour vous.

MATHILDE.

Cela m'est égal, je n'ai besoin de rien.

EDMOND.

C'est fort heureux, mais moi...

MATHILDE.

Vous déjeûnerez en route. Dites au postillon d'arrêter.

EDMOND.

Comme vous voudrez. *(à part)* C'est fort agréable! douze lieues sans sortir de voiture... Je suis déjà brisé. *(haut)* Postillon, j'ai changé d'idée; à la poste?...

MATHILDE.

Voici justement des femmes qui viennent vous offrir dans leurs corbeilles des gâteaux et des fruits.

HOMMES ET FEMMES *du peuple, entourant la voiture pendant qu'on relaie.*

Mon beau monsieur — ma belle dame — étrennez-moi — des gâteaux tout chauds — ils sortent du four. Des belles poires de beurré — du beau chasselas... Vrai Fontainebleau.

EDMOND.

Oui, du Fontainebleau sur la route de Melun, ce n'est pas le chemin.

LA MARCHANDE.

Il est bien mûr, goutez-y plutôt.

EDMOND, *en mangeant avec du pain.*

Véritable verjus... Avec un peu d'estragon, cela ferait d'excellent vinaigre d'Orléans. Moi qui déjeune toujours avec des rognons à la brochette, ou des coquilles à la financière.

MATHILDE, *avec ironie.*

Voilà un grand malheur...

EDMOND, *avec humeur.*

Non, mais j'y suis habitué, et il est toujours pénible de changer ses habitudes. *(Avec impatience au postillon qui s'approche le chapeau bas.)* Qu'est-ce qu'il veut encore celui-là?

LE POSTILLON.

Une poste trois quarts, mon bourgeois.

EDMOND, *lui jetant de l'argent.*

Encore être dérangé! poste trois quarts... Huit francs soixante-quinze centimes. Tiens, voilà dix francs; c'est un franc vingt-cinq de payé.

LE POSTILLON.

Huit francs soixante-quinze! ça ne mettrait

les guides qu'à quarante sous. Je croyais que Monsieur donnait trois francs... Mon camarade me l'a dit.

EDMOND, *brusquement.*

Oui, quand je suis content.

LE POSTILLON.

Il me semble que Monsieur doit l'être.

EDMOND.

Joliment! avec un déjeûner pareil. (*S'adressant au second postillon.*) Allons à cheval.

PREMIER POSTILLON, *à part.*

Il paraît qu'il n'est pas si amoureux qu'à l'autre relais.

EDMOND, *criant au deuxième postillon qui est déjà prêt à partir :*

Un franc vingt-cinq de payé.

PREMIER POSTILLON.

Vous me les laisserez bien pour boire!

EDMOND, *avec colère.*

Du tout, (*criant à l'autre postillon*) et en route.

PREMIER POSTILLON.

Ah! mon bourgeois...

MATHILDE, *avec impatience.*

Eh! Monsieur, donnez-les lui, et qu'il se taise.

EDMOND, *avec emportement.*

Mon Dieu! ce n'est pas pour la valeur; mais si on se laisse faire la loi par ces gens-là... (*Au postillon*) laisse-nous en repos. (*A l'autre postillon qui est à cheval*). En route, et bon train.

PREMIER POSTILLON, *à son camarade au moment où la voiture part.*

Va à ton aise... Ne faut-il pas tant se presser pour un commis voyageur qui enlève une danseuse?

EDMOND, *mettant la tête hors de la voiture.*

Qu'est-ce qu'il a dit?

MATHILDE, *toute rouge de colère.*

Vous l'entendez, Monsieur, m'exposer à un affront !

EDMOND, *pendant que la voiture roule.*

Postillon, arrêtez... je veux apprendre à vivre à ce drôle, votre camarade.

MATHILDE.

Eh ! Monsieur, il est inutile de vous arrêter pour cela, et de nous retarder encore.

EDMOND.

Malheureusement on ne peut pas se commettre avec une espèce pareille, sans cela j'aurais été trop heureux de le châtier comme il le mérite... mais c'est une leçon pour l'avenir. J'ai été trop généreux avec eux, et désormais je les paierai selon la nouvelle ordonnance, un franc cinquante centimes.

MATHILDE.

Pour qu'ils vous injurient encore.

EDMOND, *s'échauffant.*

Je voudrais bien le voir. Qu'ils s'en avisent, je m'en plaindrai à M. de Villeneuve, le directeur-général avec qui j'ai dîné chez M. de Montbel. Que diable! un franc cinquante centimes, c'est très raisonnable ; et puis c'est le réglement de poste, c'est la loi ; et sous un gouvernement constitutionnel je ne connais que la loi , il faut la faire exécuter.

MATHILDE , *avec ironie.*

Vous avez raison , on y gagne toujours.

EDMOND, *s'échauffant.*

Comme vous dites ! (*Après un instant de silence.*) C'est une vilaine ville que Melun.

MATHILDE , *froidement.*

Très vilaine.

EDMOND.

Et on n'en sort pas comme on veut. Voyez donc quelle montée ! elle n'en finira pas.

MATHILDE.

Oui ; et la voiture va si doucement...
(Elle bâille.)

EDMOND.

Qu'on s'endormirait. Je vois que vous en avez envie.

MATHILDE, *bâillant plus fort.*

C'est possible.

EDMOND.

Ne vous gênez pas. (*à part*) Je l'aime autant ; cela me dispensera de faire la conversation. (*La regardant pendant qu'elle s'endort.*) Elle est jolie ainsi... figure charmante, air distingué, et une tête si romanesque... c'est délicieux. Par exemple, un peu bégueule et volontaire... ce n'est pas sa faute ; on les élève si mal dans ces pensionnats... heureusement elle n'a encore que seize ans, et quand elle sera ma femme, je referai son éducation, parce que si elle a des défauts, elle a aussi des qualités solides : deux cent mille livres de rente pour le moins. Aussi depuis un an je n'ai épargné ni mes soins ni ma peine. *(bâillant.)* Les héritières deviennent si rares maintenant! les pairs de France nous les enlèvent toutes, et comme dans la vie on n'a jamais qu'une occasion de faire fortune, si on ne la saisit point... *(Fermant les yeux.)* Non pas que je sois dissipateur ou dépensier ; moi, j'ai pour l'argent une affection désintéressée, je l'aime pour lui-même, et j'ai de la peine à m'en détacher. Cependant quand j'aurai deux cent mille livres de rente, il faudra bien se montrer. *(Commençant à s'endormir.)* Vont-ils être étonnés au café Tortoni! je leur donnerai à dîner une fois par semaine, j'achèterai le petit hôtel de la rue Chantereine ; c'est un bon placement ; et le landau dont Thérigny veut se défaire, il n'a pas servi... et je l'achèterai... comme d'oc...casion.

(Il s'assoupit; la calèche continue à rouler pendant plusieurs lieues, et les deux amans dorment à côté l'un de l'autre. Edmond s'éveille seulement aux relais du Châtelet, de Panfou et de Fossard pour payer les postillons selon l'ordonnance, ce qui les fait murmurer.)

MATHILDE, *s'éveillant à un juron très prononcé du postillon.*

Qu'est-ce?... Qu'y a-t-il ?

EDMOND.

Rien, chère amie... dormez toujours, je vous éveillerai quand il y aura quelque chose de remarquable, quelque beau point de vue. (*A part lui.*) Il est temps que nous arrivions, car je suis rompu. C'est si ennuyeux d'être enfermé toute une journée dans une boîte roulante. Postillon, à combien sommes-nous de Paris ?

LE POSTILLON.

Vingt-deux à vingt-trois lieues.

EDMOND.

Que cela !

LE POSTILLON.

Nous serons à Montereau dans une petite demi-heure, et du haut de la montagne, vous verrez avant le coucher du soleil, la descente qui est magnifique.

EDMOND.

C'est bon, c'est bon... va toujours ; il ne faut pas que cela t'arrête.

(La voiture continue à rouler.)

MATHILDE, *rêvant.*

Ma tante, mon père, me pardonnerez-vous?

EDMOND.

La voilà dans des rêves de famille.

MATHILDE.

Mon père! mon père!... (*s'éveillant.*) Où suis-je?

EDMOND.

Près de moi, chère amie.

MATHILDE.

Ah! c'est vous, monsieur?

EDMOND.

Oui... et nous approchons de Montereau.

MATHILDE.

De Montereau!... C'est là, si je m'en souviens, que ma tante m'a dit qu'un de ses fils avait été blessé. (*Regardant le paysage qui l'entoure.*) Ah! Monsieur, Monsieur, regardez donc... (*Avec enthousiasme*) quelle admirable vue! quel magnifique tableau! cette ville qui est là sous nos pieds... Ces superbes prairies où serpentent ces eaux qu'on retrouve à chaque instant et qui animent le paysage.

EDMOND.

Quelle est cette rivière?

MATHILDE.

Cette rivière?... Il y en a deux.

EDMOND.

Deux à la fois!... c'est du luxe. Et lesquelles?

MATHILDE.

C'est dans toutes nos géographies : l'Yonne et la Seine, qui se rejoignent à Montereau : Ne le savez-vous pas?

EDMOND.

Non, ma foi.

MATHILDE.

Postillon, pas si vîte ; arrêtez... que je contemple encore ce spectacle.

LE POSTILLON.

N'est-ce pas que c'est beau ? c'est sur la hauteur où vous êtes qu'était l'armée française quand les autres sont venus nous attaquer.

MATHILDE, *écoutant avec intérêt.*

Vraiment.

LE POSTILLON.

Vous voyez cet arbre qui a été coupé par les boulets... il n'en reste maintenant que le tronc.

MATHILDE.

C'est peut-être là que mon cousin a été blessé.

LE POSTILLON.

Voilà justement où était l'autre, avec sa redingote grise, et sa lunette d'approche.

EDMOND.

Qui... Bonaparte?

MATHILDE, *avec chaleur.*

Oui, l'empereur... c'est là qu'il luttait seul contre toute l'Europe coalisée.

LE POSTILLON.

Les Autrichiens au-devant du pont... et quand les batteries françaises ont commencé à ronfler (*s'échauffant*), fallait voir comme ils ont dégringolé... comme ils ont repassé le pont, ces chiens de *Kaiserlies*... Et quand le prince de Wurtemberg et sa cavalerie se dispersaient dans la plaine.

MATHILDE, *s'animant.*

Que ce devait être beau!... je crois les voir d'ici... et vous, vous les avez vus réellement?

LE POSTILLON

Mieux que ça... j'y étais... dont j'ai eu l'honneur de recevoir un biscaïen dans la jambe... ce qui m'empêche d'aller à pied...

voilà pourquoi je suis à cheval... Ne vous penchez pas comme ça, ma belle dame,... la descente est rapide, et j'ai peine à retenir mes chevaux... Ohaï... ohaï! quoiqu'il soit bien vieux... mon bricolier a trop d'ardeur... C'est un ancien hussard de la garde... Doucement, doucement, Marengo, il n'y a pas de bon sens pour un vieillard d'âge comme toi... Là... là... il n'y a plus de danger.... Nous voilà sur le pont... un fameux pont qui n'est pas fait d'hier.

EDMOND:

On le voit... il est assez vieux.

MATHILDE.

Je le crois bien... le pont de Montereau. *(A Edmond)* C'est là que le duc de Bourgogne, que Jean-sans-Peur a été assassiné.. N'est-ce pas?

EDMOND.

C'est possible... *(A part)*. Est-ce ennuyeux de voyager avec une femme savante!...

MATHILDE, *à part.*

Quel ennui de voyager avec quelqu'un qui ne sent rien et qui ne sait rien.

(Elle garde le silence et reste plongée dans ses réflexions. Edmond a aussi l'air de méditer, mais il ne pense à rien, et fredonne un air de *la Gazza*. La calèche roule toujours, et on arrive au relai de Villeneuve-la-Guiart. Même silence jusqu'à celui de Pont-sur-Yonne.

EDMOND, *sautant à bas de la voiture.*

Quel bonheur! j'ai cru que ce dernier relai n'en finirait pas. (*A un postillon qui est assis tranquillement sur un banc devant la porte*). Eh bien! tu ne nous vois pas arriver? nous sommes pressés, vite des chevaux.

LE POSTILLON, *tranquillement.*

Il n'y en a pas.

EDMOND.

Comment, pas de chevaux?

LE POSTILLON.

Il a passé, il y a trois heures, une famille anglaise; trois voitures de poste, dont une pour les femmes de chambre, et l'autre pour les chiens de chasse.

EDMOND.

Qu'est-ce que cela signifie?

UN JEUNE HOMME, *en redingote, assis près du postillon et fumant un cigare.*

Qu'il vous a dit vrai, monsieur... Il n'y a plus de chevaux, mais ils vont revenir d'un instant à l'autre, et vous les aurez.

EDMOND.

Croyez-vous que je sois votre dupe? Vous les gardez pour d'autres, et la preuve, c'est que j'en vois d'ici, dans votre écurie.

LE POSTILLON.

C'est pour le courrier de la malle; et ceux-là, on ne peut en disposer.

EDMOND, *d'un ton impérieux.*

Peu importe vous les attelerez à l'instant.

LE JEUNE HOMME.

Ce n'est pas possible.

LE POSTILLON.

Je vous attelerai plutôt vous-même.

EDMOND, *s'échauffant.*

Qu'est-ce que c'est que des insolens et des drôles pareils?

MATHILDE, *dans la voiture.*

De grâce, monsieur Edmond, calmez-vous.

LE JEUNE HOMME, *au postillon.*

Étienne, vous avez eu tort d'injurier monsieur... et vous devez parler honnêtement à tout le monde.

EDMOND, *les menaçant.*

Ces canailles-là ne savent pas à qui ils ont à faire, et je leur apprendrai la politesse à tous.

LE JEUNE HOMME, *froidement.*

Pas si haut, monsieur... pas tant de bruit.. si, malgré mes excuses, vous n'êtes pas satisfait?...

EDMOND, *avec hauteur.*

Non sans doute... et s'il y avait ici quelqu'un à qui il fut possible de parler sans se compromettre...

LE JEUNE HOMME, *toujours d'un ton doux et poli.*

Qu'à cela ne tienne, monsieur... Je ne suis que le fils du maître de poste, mais j'ai été officier.

EDMOND, *étonné.*

Qu'est-ce que c'est?

LE JEUNE HOMME *ouvrant sa redingote, et lui montrant le ruban de la légion d'honneur.*

Et ceci doit vous prouver que j'en ai vu de près, d'aussi terribles que vous.

EDMOND, *d'un ton radouci.*

Je ne dis pas non, monsieur... et sans la personne que j'accompagne et que je ne puis abandonner... sans l'obligation où je suis de continuer mon voyage...

LE JEUNE HOMME, *se rasseyant tranquillement, et fumant son cigare.*

Comme vous voudrez.

EDMOND, *se rapprochant de la voiture où est Mathilde.*

Ah! si vous n'étiez pas là... Mais vous sentez bien que, quand d'un instant à l'autre votre tante peut nous rejoindre, il n'y a pas moyen de s'engager dans une querelle qui nous retarderait encore.

MATHILDE, *froidement et avec ironie.*

Vous avez raison... Je vous remercie de ce que vous faites pour moi... d'autant que c'eût été inutile; car voici des chevaux qui reviennent.

EDMOND.

C'est juste.

LE JEUNE HOMME.

Vous voyez bien, monsieur, que nous vous avions dit la vérité!

EDMOND.

Il suffit... et je reconnais la loyauté de votre conduite... car entre nous autres gens d'honneur... Allons, postillon, est-ce attelé?

LE POSTILLON.

Oui, monsieur.

EDMOND, *après être monté en voiture, et saluant le jeune homme.*

Adieu, mon cher... je repasserai avec plaisir.

LE JEUNE HOMME.

Comme vous voudrez.

TOUS LES POSTILLONS.

Bon voyage.
(La voiture part au grand galop, et au milieu des éclats de rire des postillons.)

EDMOND, *un peu embarrassé et après un instant de silence.*

Nous avons perdu là un temps précieux ;

car il y a encore trois grandes lieues d'ici à Sens, et voici le soir qui arrive.

MATHILDE.

Peu importe... on peut voyager la nuit.

EDMOND.

Je ne le souffrirai point... pour vous d'abord... pour votre santé.... vous devez être fatiguée, et moi aussi... Et pour tout l'or du monde, je ne ferai pas quatre lieues de plus.

MATHILDE.

Quoi! vous voulez vous arrêter à Sens?

EDMOND.

Oui, sans doute.

MATHILDE, *avec effroi*.

Et ma tante?

EDMOND, *gravement.*

Votre tante est une personne raisonnable qui pense qu'après trente lieues de poste on a besoin d'un bon lit et d'un bon souper... et nous devons penser comme elle.

MATHILDE.

Et si elle nous rencontre?

EDMOND

Je l'en défie... Ne savons-nous pas où elle loge? A l'Écu de France, n'est-il pas vrai?

MATHILDE.

Certainement.

EDMOND.

Eh bien! il n'y a pas que cette auberge-là dans la ville... Postillon, la meilleure auberge après celle de l'Écu?

LE POSTILLON.

L'hôtel de l'Europe, où l'on est au moins aussi bien.

EDMOND.

Je parie qu'on y est mieux... Postillon, à l'hôtel de l'Europe... c'est là que nous descendrons.

MATHILDE, *insistant de nouveau et les larmes aux yeux.*

Mais, monsieur... quand je vous prie en grâce...

EDMOND.

C'est inutile... je suis votre chevalier, votre protecteur, et je dois en dépit de vous-même veiller sur vous... Que diable! je suis courbaturé, ainsi vous devez l'être... Et vous n'avez rien pris aujourd'hui... Votre main est brûlante, vous avez la fièvre.

MATHILDE, *avec égarement.*

Je crois qu'oui... mais je l'ai voulu... mon

sort est fixé... et quand j'en devrais mourir, j'aime mieux fuir que de m'exposer aux regards et aux reproches de ma tante.

EDMOND.

Voilà de vos exagérations ordinaires! il n'y a pas moyen de raisonner avec vous... D'abord, chère amie, vous ne mourrez pas ; et ensuite, mettons les choses au pire... Vous rencontreriez votre tante, et même votre père, qu'est-ce que cela ferait maintenant? Rien ne peut empêcher que vous ne soyez partie ce matin de Paris, avec moi, en tête-à-tête... dans une chaise de poste... Et pour l'honneur de la famille, pour votre réputation... il n'y a que le mariage... un bon mariage.

MATHILDE, *à part, avec douleur.*

Il ne dit que trop vrai.

EDMOND.

Voilà que vous pleurez... ce n'est pas là

répondre... Mathilde, Mathilde... Allons, elle sanglotte maintenant. (*A part*). Dieu ! que c'est ennuyeux les petites filles ! *(Haut)*. Vous détournez la tête... Vous ne voulez donc plus ni me voir ni me parler.

MATHILDE, *d'une voix étouffée.*

Non, non, laissez-moi.

EDMOND.

Comme elle voudra. Aussi bien il n'y a plus à délibérer... Nous voilà aux portes de la ville, qui me paraît fort bien, autant que l'obscurité permet de distinguer. A peine neuf heures, et pas une lumière !... Tout le monde est déjà endormi... que c'est amusant de coucher en province !... Mathilde, Mathilde..... elle ne me répond pas. Est-ce qu'elle se trouverait mal de fatigue et de besoin ? C'est sa faute ! avoir voulu faire trente lieues sans rien prendre !

LE POSTILLON, *s'arrêtant devant une grande porte, et faisant claquer son fouet.*

Ohé! ohé! la porte.

(Les portes de l'auberge s'ouvrent; la calèche entre dans la cour; la maîtresse d'auberge et ses servantes entourent la voiture. Edmond prend entre ses bras Mathilde, qui est à moitié évanouie, et dont il cache la figure avec son voile.)

LA MAÎTRESSE D'AUBERGE.

Madame paraît souffrante.

EDMOND.

Oui, ma femme est un peu indisposée de la route... Une chambre.

LA MAÎTRESSE D'AUBERGE.

A deux lits?

EDMOND.

Certainement... et un bon feu.

LA MAÎTRESSE D'AUBERGE, *criant.*

Catherine, le numéro 2.

CATHERINE.

Oui, madame. (*Eclairant*) Par ici, monsieur, par ici.

Une chambre à deux lits, une cheminée, un canapé, une table. — Porte à droite et à gauche.

EDMOND, *posant Mathilde sur un canapé.*

Ce ne sera rien... Voilà qu'elle revient à elle... Vite du feu.

CATHERINE.

Vous voyez qu'on est en train de l'allumer.

EDMOND.

Et à souper ici... près de la cheminée.

CATHERINE.

Oui, monsieur,

EDMOND.

Qu'est-ce que vous me donnerez?

CATHERINE.

Si monsieur veut voir ce qu'il y a, et choisir lui-même.

EDMOND.

Ce sera plus prudent... Je vais commander le dîner, pendant que vous ferez nos lits... C'est le plus pressé. (*Prenant la main de Mathilde.*) Allons, allons, Mathilde, revenez à vous, et ne craignez plus rien. Nous sommes maintenant à l'abri de tout danger... (*A Catherine.*) C'est par ici, n'est-ce pas, la porte à gauche.

(Il sort.)

CATHERINE.

Oui, monsieur.
(Mathilde qui l'a à peine entendu, reste anéantie et la tête penchée sur son sein.)

CATHERINE.

Voilà une pauvre jeune dame qui a l'air bien souffrante.... Si madame veut s'approcher du feu... Madame, m'entendez-vous ?

MATHILDE.

Oui, ma bonne... oui, je vous remercie.

CATHERINE, *à part.*

Je vais chercher des draps. Je crois que le sommeil est ce qui lui est le plus nécessaire.

MATHILDE, *restée seule, lève les yeux, et sort peu à peu de son anéantissement.*

Où suis-je ?.. seule enfin !.. Ah! je respire...

que s'est-il donc passé?.. C'était un songe, un songe affreux!... (*Regardant autour d'elle.*) Non... ce n'est que trop vrai... je suis à lui... pour toujours à lui! ce n'est pas possible..... Mes sens m'abusent et m'égarent... Ce n'est pas là celui que j'aimais... celui que mon cœur avait rêvé!... Quelle différence! mon Dieu et quel réveil... et qui dois-je accuser? Moi, moi seule... Ah! je suis bien coupable et bien malheureuse... Insensée que j'étais! je n'ai écouté que ma tête et mes idées romanesques, j'ai méprisé les conseils de la raison et de l'amitié; j'ai mérité d'être punie... Mais être à lui!.. mais lui appartenir!.. Ah! mon châtiment serait plus grand encore que ma faute... et cependant maintenant comment lui échapper? Mon honneur, ma réputation ne sont-ils pas entre ses mains? Que faire, ô mon Dieu! que faire! qui viendra à mon aide? (*poussant un cri et joignant les mains.*) Ah! je n'ai que ma tante... je n'ai qu'elle au monde... Et c'est pour me sauver que le ciel l'a conduite si près de moi... Oui... (*Apercevant sur la table, du papier, une plume et de l'encre.*) Voilà ce qu'il faut pour lui écrire... Elle saura tout.

(Elle écrit vivement et n'aperçoit pas Catherine qui apporte deux paires de draps.)

CATHERINE.

Madame veut-elle quelque chose ?

MATHILDE.

Non... Que venez-vous faire ?

CATHERINE.

Mettre des draps à votre lit... et à celui de votre mari.

MATHILDE.

O ciel !

CATHERINE.

Vous êtes toute tremblante.

MATHILDE, *troublée.*

Moi! non... Dites-moi, vous êtes de cette ville? Connaissez-vous l'hôtel de l'Ecu de France.

CATHERINE.

C'est au bout de cette rue... Vous traversez la grande place... et juste devant vous...

MATHILDE.

C'est bien... (*A part regardant Catherine.*) Si je l'y envoyais?... Non... non... Je ne resterai pas un moment de plus... Cette lettre, je la porterai moi-même... et si on refuse de me voir... (*Avec confiance.*) Ce n'est pas possible! C'est la sœur de mon père... c'est ma seconde mère... son cœur et ses bras me sont ouverts.

CATHERINE, *la regardant avec inquiétude.*

Qu'avez-vous donc?... Comme vous êtes agitée!

MATHILDE.

J'ai besoin de prendre l'air.

CATHERINE.

Si madame veut se promener en attendant le souper... Nous avons un jardin d'un demi-quart d'arpent. Je vais vous y conduire.

MATHILDE.

C'est inutile ; je le trouverai bien. Restez... occupez-vous du souper ; c'est l'essentiel... (*Entendant du bruit du côté de la porte à gauche.*) On monte... c'est lui... (*Sortant par la porte à droite.*) Restez, je reviens dans l'instant.

(Elle sort.)

CATHERINE, *restée seule.*

Voilà une petite dame qui est bien gentille, mais qui tout de même a un air bien singulier.

EDMOND, *entrant avec deux garçons d'auberge qui portent des assiettes et des serviettes.*

Allons vite... mettons là le couvert, et dépêchons-nous. (*A Catherine.*) Où est donc ma femme ?

CATHERINE.

Sortie pour un instant... Elle avait besoin de prendre l'air.

EDMOND.

C'est bon, c'est bon, cela lui fera du bien... là, près du feu, son couvert et le mien... Qu'est-ce que c'est que ce vin là.

LE GARÇON.

Du vin du pays.

EDMOND.

Je n'en veux pas. Je vous ai demandé du vin de Bourgogne.

LE GARÇON.

C'en est... Nous sommes en Bourgogne.

EDMOND.

Comment! Sens est en Bourgogne?

LE GARÇON.

Oui monsieur.

EDMOND.

Est-ce étonnant! ce que c'est que de voyager! Nous sommes en Bourgogne! (*Goûtant le vin.*) Oui, ma foi, (*Voyant un autre garçon qui entre.*) Ah! voilà déjà le potage et les pigeons en compote. C'est bien. On sert ici avec une activité! Ce n'est pas comme au café de Paris, où avant hier, j'ai eu des entractes d'un quart d'heure entre chaque plat. On perd le fil d'un dîner, et on n'a plus de suite dans les idées. Mettez toujours le potage sur la table, et la compotte auprès du feu. (*A Catherine.*) Il me semble que ma femme est bien long-temps; où est-elle donc?

CATHERINE.

Je lui avais indiqué le jardin, où elle se promène.

EDMOND.

Elle s'y sera perdue.

CATHERINE, *souriant*.

Ce n'est pas possible; mais si monsieur veut

je vais la chercher, et lui dire que le souper est prêt.

EDMOND.

Vous m'obligerez. Je n'aime pas à attendre, surtout quand on a servi. Les lits sont-ils faits?

CATHERINE.

Oui monsieur, et les couvertures aussi.

EDMOND.

A merveille.

CATHERINE.

Faut-il des oreillers?

EDMOND.

Pour moi, certainement. Mais pour madame, je l'ignore... Demandez lui.

CATHERINE.

Est-ce que monsieur ne sait pas l'usage de madame?

EDMOND.

Non, pas encore.

MADAME DE BUSSIÈRES, *continuant.*

« Un seul jour, un jour entier passé près
« de lui, me l'a montré tel qu'il était. Ce ma-
« tin, je l'adorais, et maintenant je le déteste,
« je l'abhorre. Plutôt mourir que d'être à lui. »

EDMOND

Assez, madame, assez.

MADAME DE BUSSIÈRES.

J'ai fait comme vous, je n'ai pas achevé cette lettre ; j'ai couru à ma nièce, qui, pâle et tremblante, attendait son arrêt ; elle voulait tomber à mes genoux, je l'ai prise dans mes bras, je l'ai rassurée. Elle m'a tout raconté, et je connais maintenant tous les détails de votre liaison et de votre voyage.

EDMOND, *confus.*

Quoi! madame...

MADAME DE BUSSIÈRES, *sévèrement.*

Je ne vous dirai pas tout ce que je pense de votre conduite. On peut pardonner à la jeunesse de Mathilde, à son inexpérience; mais à vous, monsieur, chercher à séduire..... à enlever une riche héritière... une jeune personne de seize ans! vous n'avez pas songé qu'il y avait là une réunion de circonstances dont, même à notre défaut, la justice pouvait s'emparer.

EDMOND, *pâlissant.*

Quoi! vous croyez?

MADAME DE BUSSIÈRES.

Loin de nous une pareille idée ; ce serait à jamais vous perdre d'honneur, et nous tenons à votre réputation autant qu'à celle de notre famille. Daignez donc m'écouter avec attention. (*Lentement et avec gravité.*) Mon frère a quitté hier Paris, persuadé que sa fille partait avec moi.

EDMOND.

Oui, madame.

MADAME DE BUSSIÈRES, *de même.*

Ma nièce a quitté ce matin l'hôtel de son père, seule, dans une voiture de place, et en disant qu'elle allait me rejoindre pour partir avec moi.

EDMOND.

Oui, madame.

MADAME DE BUSSIÈRES, *appuyant sur chaque mot.*

Eh bien! mettez-vous dans l'idée et persuadez vous bien que c'est réellement avec moi qu'elle est partie ce matin, et qu'elle a fait la route de Paris à Sens.

EDMOND.

Que voulez-vous dire?

MADAME DE BUSSIÈRES.

Qu'il n'y a maintenant au monde que vous et Mathilde qui ayez connaissance des événemens d'aujourd'hui; et si jamais le moindre bruit en courait, si un mot en transpirait, ce ne serait que par vous, par votre indiscrétion.

EDMOND.

Madame!...

MADAME DE BUSSIÈRES.

Et j'ai deux fils, tous deux militaires, qui tiennent encore plus que moi à l'honneur de leur famille et à la réputation de leur cousine.

EDMOND, *avec émotion.*

Madame, vous me connaissez mal, et vous pouvez être sûre que mon honneur et ma délicatesse m'engageront seuls au silence.

MADAME DE BUSSIÈRES.

J'en suis persuadée, et j'en doutais si peu que mon intention était de vous demander la seule lettre que ma nièce vous ait écrite et qui ce matin encore, à ce qu'elle m'a dit, était là... dans votre portefeuille.

EDMOND, *l'ouvrant et la lui donnant.*

Comment donc! trop heureux de vous donner cette preuve de ma sincérité.

MADAME DE BUSSIÈRES, *la prenant.*

C'est bien; monsieur... je pars donc avec ma nièce (*avec intention*) qui ne m'a jamais

CATHERINE, *à part.*

C'est des nouveaux mariés..... Est-ce gentil.

EDMOND, *seul auprès du feu.*

C'est gentil.. Je le crois bien... Un bon souper... un bon feu... et une jolie femme!....
Aie! j'ai les pieds gonflés... (*Otant ses bottes et mettant des pantoufles.*) Autant se mettre à son aise... quand on est chez soi... Mais voyez si elle viendra... Je meurs de faim... et le potage qui va refroidir! (*Il attend quelques instans, se promène dans la chambre.*) Est-ce qu'elle aurait oublié le souper? (*Gravement.*) Il y a bien du désordre dans cette tête là... Je ne dis rien, (*Froidement.*) parce que je l'aime... Mais une fois ma femme il ne faudra pas qu'elle s'avise de me faire attendre... pour mes repas. (*Avec impatience et s'asseyant.*) Ma foi elle dira ce qu'elle voudra, je vais toujours me servir. (*Prenant une cuillerée de soupe.*) Dieu! qu'elle est chaude! je vais aussi lui en mettre dans son assiette, pour que ça refroidisse... Cela passera pour une attention......

Otons la soupière et servons les pigeons... là...
(*Mettant sa serviette et mangeant son potage.*)
Nous y voilà.

> (La porte à laquelle il tourne le dos s'ouvre en ce moment.)

(*Sans retourner la tête.*) Enfin la voilà... Je savais bien que cela la ferait venir... Allons donc... Allons donc, retardataire... Votre soupe vous attend.

> (Paraît une dame d'une cinquantaine d'années. Tournure distinguée, costume de voyage. Elle s'avance près d'Edmond, et lui dit :

Monsieur Edmond de Verneuse?

EDMOND, *tout étonné et se levant.*

C'est moi, madame... (*Balbutiant.*) C'est-à-dire, c'est moi et ce n'est pas moi... car je suis ici incognito, et je m'étonne que vous me connaissiez.

L'ÉTRANGÈRE.

Vous allez être au fait... Je vous demande seulement cinq minutes d'entretien, et je me retire... Mais je vous prie, avant tout, de ne pas vous déranger, et de vouloir bien continuer votre souper.

EDMOND, *se remettant à table.*

Puisque vous l'exigez... Je n'en serai pas fâché. (*Il découpe le pigeon dont il se sert une aile.*) Pardon, madame... je vous écoute.

L'ÉTRANGÈRE.

Je suis madame de Bussières.

EDMOND, *laissant tomber sa fourchette.*

Ah! mon Dieu! (*A part.*) La tante de Mathilde... Qu'est-ce que cela signifie?

MADAME DE BUSSIÈRES.

Partie ce matin de Paris, je viens d'arriver à l'Écu de France, où j'avais fait d'avance retenir mon logement pour cette nuit. A peine entrée dans l'appartement qui m'était destiné, on me remet cette lettre, que je ne vous donnerai pas, mais dont vous connaissez l'écriture.

EDMOND.

Celle de Mathilde.

MADAME DE BUSSIÈRES.

Je dois avant tout vous la lire : *Ce 6 octobre hôtel de l'Europe, neuf heures du soir.*

EDMOND.

Cela n'a pas une demi-heure de date.

MADAME DE BUSSIÈRES.

Précisément. (*Continuant à lire.*) « Ma
« tante, ma seconde mère, sauvez-moi, c'est
« une coupable qui vous écrit, une coupable
« qui n'a d'espoir qu'en vous. Egarée par les
« conseils d'une compagne d'enfance, par
« mes lectures romanesques, par ma jeunesse,
« mon inexpérience, j'ai aimé... Non c'est
« profaner ce mot ! j'ai cru aimer quelqu'un
« que mon cœur seul avait créé... car ce qui
« m'avait séduite en lui, grâce, esprit, amabili-
« té, noblesse, courage tout cela n'existait que
« dans mon imagination ! Je ne le connaissais
« pas, et il m'a suffi de le connaître pour
« que l'illusion fut détruite... »

EDMOND.

Qu'est-ce à dire?

quittée : j'achèverai la route avec elle, j'arriverai avec elle à ma terre, où ma famille nous attend ; et là notre amitié et nos conseils la guériront bien vîte de quelques défauts, fruits de son inexpérience et de sa jeunesse ; mais ce qui n'appartient qu'à elle c'est la noblesse et l'élévation de ses sentimens, c'est surtout la bonté de son cœur. Avec cela et grâce à la leçon d'aujourd'hui, on se corrige aisément, et bientôt, je l'espère, ma nièce deviendra une femme accomplie ; Vous n'y aurez pas peu contribué, monsieur, et ce sera pour vous une satisfaction intérieure de tous les instans.

EDMOND, *s'inclinant.*

Madame, certainement....

LE GARÇON, *entrant avec un plat de rôti.*

Monsieur, voici les perdreaux.

MADAME DE BUSSIÈRES, *souriant.*

Je vous laisse avec eux, et retourne à mon hôtel... Non, non, ne vous dérangez pas, de grâce ! Désolée d'avoir interrompu votre souper.

(Elle sort.)

EDMOND, *resté seul, et jetant avec colère sa serviette sur la table.*

Vit-on jamais une aventure pareille ? et elle avait peur que je n'en parlasse... Ah ! bien oui ! on se moquerait trop de moi à Paris. Avoir conduit jusqu'ici, dans ma voiture, une jeune personne charmante... le souper prêt... la couverture faite... et tout cela pour rien... rien au monde... que pour mes frais de voyage ! Si jamais maintenant on me rattrape à courir la poste de cette manière-là... C'est une bonne leçon, et je me souviendrai du proverbe :

Il vaut mieux tenir que courir

FIN DU DEUXIÈME ET DERNIER VOLUME.

Librairie de Dumont.

EN VENTE

RÊVERIES DANS LES MONTAGNES, par madame C. Bodin (Jenny Bastide), 2 vol. in-8. 15 fr.
AVENTURES D'UN GENTILHOMME PARISIEN, par lord Ellis, 2 vol. in-8. 15 fr.
INÈS DE LAS SIERRAS, par Charles Nodier, un vol. in-8. 7 fr. 50 c.
SCÈNES DE LA VIE ITALIENNE, par Méry, 2 vol. in-8. 15 fr.
IMPRESSIONS DE VOYAGE, par A. Dumas. 3e 4e et 5e vol. 22 fr.
SALONS CÉLÈBRES, par Mme Sophie Gay, 1 vol. in-8. 7 fr. 50 c.
AVENTURES DE VOYAGE, par Alphonse Royer, 2 vol. in-8. 15 fr.
LA SOEUR DU MAUGRABIN, par P.-L. Jacob, bibliophile, 2 vol. in-8. 15 fr.
UNE ANNÉE EN ESPAGNE, par Charles Didier, 2 vol. in-8. 15 fr.
L'EXILÉ, par la duchesse d'Abrantès, 2 vol. in-8. 15 fr.
STÉNIA, par madame Camille Bodin, 2 vol. in-8. 15 fr.
AYMAR, par H. de Latouche, 2 vol. in-8. 15 fr.
HISTOIRES CAVALIÈRES, par Roger de Beauvoir, 2 vol. in-8. 15 fr.
ÉLISE ET MARIE, par madame Bodin, 2 vol. in-8. 15 fr.
DOVERSTON, par l'auteur de *Trevelyan*, etc., etc., 2 vol. in-8. 15 fr.
AVENTURES D'UN GENTILHOMME ALLEMAND, par Spindler, auteur du *Juif*, etc., etc., 2 vol. in-8. 15 fr.
PAULINE, par Alexandre Dumas, 2 vol. in-8. 15 fr.

SOUS PRESSE

LES PREMIÈRES RIDES, par Jules Lacroix.
LA COMTESSE DE SALISBURY, par Alexandre Dumas.
QUINZE JOURS AU SINAI, par Alex. Dumas et A. Dauzats. 2 vol. in-8.
Le 3e vol. des SCÈNES POPULAIRES, par Henri Monnier.
L'ÉGOISME OU L'AMOUR, par madame E. de Girardin.
MÉMOIRES D'UN MÉDECIN, par le docteur Harrisson, 4 volumes in-8, troisième édition. 30 fr.
MÉMOIRES D'UN CADET DE FAMILLE, par Trelawney, ami et compagnon de lord Byron, quatrième édition, 3 vol. in-8. 20 fr.
AVENTURES D'UN GENTILHOMME ANGLAIS, par lord Ellis.
AVENTURES DU GRAND BALZAC, par P.-L. Jacob, bibliophile, 2 vol. in-8.
LA FOLLE VIE, par M. Albert de Calvimont.
ACTÉE, par Alexandre Dumas.
VIOLETTE, par madame Desbordes Valmore.
OR, DEVINEZ! par madame Élise Voïart.
LE JEU DE LA REINE, par la comtesse Dash.
JACOB ORTIS, par Alexandre Dumas.
LOVE, par l'auteur de *Trevelyan*.

E. Dépée, imprimeur à Sceaux.

www.ingramcontent.com/pod-product-compliance
Lightning Source LLC
Chambersburg PA
CBHW050313170426
43202CB00011B/1877